KB213928

마음의 힘이 필요할 때
나는 달린다

일러두기

이 책에 실린 상담 사례의 이름은 모두 실명이 아닙니다.

정신과 의사가 말하는 달리기를 통해 얻는 것들

마음의 힘이 필요할 때 나는 달린다

김세희 지음

billybutton
빌리버튼

윤홍균

| 글 쓰는 정신과 의사 · 《자존감 수업》 《마음 지구력》 저자 |

그저 책 한 권 읽었을 뿐인데 이 많은 위로와 동기부여를 얻어가도 되는 걸까? 수많은 방해물을 어떻게 흘려보냈는지, 어떤 식으로 승화시켰는지 쿨하고 리듬 있게 안내해 주는 책이다.
나도 결승선을 믿고 달려 보고 싶어졌다. 출발선을 기다리며 설레어 보고 싶어졌다. 하지만 습관처럼 또 잡념이 나를 괴롭힌다. 내가 할 수 있을까? 좀 미뤄도 되지 않을까?
'해보자. 하리라. 하자. 할 수 있다.'
나도 모르게 나직이 읊조리고 있더라. 긴 레이스에서 언덕을 만난 사람들과 함께 이 책을 읽어 보고 싶다. 자기 자신을 사랑하고, 그 사랑을 나누는 저자의 따뜻함이 준 선물이라 생각한다.

신영철

| 정신건강의학과 전문의 · 《그냥 살자》 《어쩌다 도박》 저자 |

우리는 누구나 꿈을 꾸며 산다. 꿈만 꾸는 몽상가가 될 것인가, 행동하는 실천가가 될 것인가는 우리의 선택이다. 저자는 실천가다. 따뜻한 미소를 머금은 정신과 의사인 저자에게 마라톤은 그냥 달리기가 아니다. 명상이요, 기도요, 내면의 소리를 듣는 성찰의 시간이다.

달리다 보면 지칠 때가 있듯이 우리 삶 또한 그러하다. 지치면 잠시 쉬면 된다. 그리고 다시 일어서 달리면 된다. 책을 펼치고 읽다 보면 지친 현대인에게 주는 저자의 위로, 따스한 목소리가 들리는 듯하다. 감동이다.

권은주

| 마라톤 전 국가대표, 런위드주디 감독 |

'선생님, 이제는 다 그만두고 쉬고 싶어요.'

첫 문장에서 왈칵 눈물이 났다.

선생님과 처음 만난 건 트레일러닝 대회장이었다. 우리는 오르막과 내리막을 함께 달렸다. 추월하고 추월당하고를 반복하다 인사를 나누었고 그 인연이 지금까지 이어졌다. 작년 선생님과 차를 마시고 돌아오는 길이 참 편안했고 고마웠다. 나의 이야기를 집중해서 들어주고, 잔잔하지만 깊이 있는 이야기에 위로를 받았다.

공감, 경청, 경험, 몰입은 반복되는 일상에서 찾을 수 있는 소소한 행복이며, 우리 모두에게 일어나고 있는 일이란 걸 다시 한번 느끼게 되었다. 목표 도달의 성과보다는 균형 잡기를 통해 위안을 찾고, 마음의 여유를 줄 수 있는 시간을 갖게 되었다.

글을 읽어 가는 내내 우리는 위로를 받을 것이다.

함연식

| 오픈케어스쿨 감독 |

2015년 김세희 선생님을 처음 봤을 때 얼마 못 가 달리기를 그만둘 것 같았다. 달리기 성향과 전혀 어울리지 않는 이미지라 생각했다.

러닝은 생각만큼 성과가 없으면 흥미를 잃게 되어 쉽게 포기하게 된다. 그래서 입문 러너들에게는 강한 의지보다 안정감을 갖기 위한 방법으로 마음을 비우고 달릴 수 있도록 방향을 잡아 준다.

저자는 어떠한 기복에서도 흔들리지 않는 마음 비우기를 통해 스스로를 컨트롤했다. 달리기로만 10년이 넘도록 멈추지 않고 성장한다는 것이 쉽지 않으나, 가능하다는 것을 검증했으며 현재도 성장이 진행 중이다.

삶의 여유를 찾고 싶을 때, 지친 마음을 달래주고 싶은 당신에게 이 책을 권한다. 달리기처럼 인생도 나만의 페이스를 찾을 수 있을 것이다. 책을 읽고 내 평생 달리기를 해오길 잘했다는 확신이 들었다. 달리기는 비약물적 심신 안정제다.

앉아서 공부만 하던 사람이 어쩌다 달리기를 시작하게 되었을까?

진료실 한쪽에 있는 의료진 소개란에 진료 경력과 마라톤 대회 완주 이력을 함께 소개하고 있다. 자신의 정신 건강에 관해 상담하고자 찾아온 이들이 의사를 신뢰하는 데 도움이 될 것이라 생각했다. 마라톤은 인내심과 정신력이 필요한 운동이기에 환자들이 '내 마음속 이야기를 선생님에게는 털어놓아도 되지 않을까' 하길 바랐다. 마라톤을 완주하는 것도 힘들지만 대회에 참가하려고 준비하는 과정 또한 무척 고되다. 보통 한 달에 300km 이상의 연습량이 필요하다. 마라톤은 기록경기이다 보니 시간을 단축하려면 늘 자신의 한계를 마주하는 훈련을 하게 된다. 대회를 하나 마치고 나면 다시 그 다음 한계를 극복하는 과정을 이어간다.

첫 마라톤인 경주 국제 대회 완주 기록은 5시간 11분 54초다. 12년이 지난 서울 국제 마라톤 대회 기록은 3시간 7분 30초다. 대회마다 구체적인 기록에 대한 목표는 없었지만, 나의 한계를 극복하며 달려왔다. 그러다 보니 매번 대회 완주 기록이 조금씩 경신되었다. 한계의 끝이 어디인지 알 수 없지만, 요즘도 새벽 4시 30분이면 운동장으로 향한다.

마라톤을 하면서 고도로 절제된 생활을 하게 되었다. 일찍 자고 일찍 일어나는 건 기본이 되었고, 음식 섭취를 절제하고 사람들과의 만남도 정제된 경건한 수도승 같은 삶이다.

나는 마음에 귀를 기울이며 달린다.

달리면서 일어나는 마음속 느낌을 주시하며 내면의 소리를 듣는다. 그리고 그 느낌과 생각이 맞는지 스스로 질문한다. 그리고 마음에서 떠오르는 답이 있으면 그 답에 대해 '정말 그런가?' 다시 확인한다.

하루하루 달리기를 이어오는 동안 끝없이 내면을 성찰해왔다. '너무 힘들다', '내가 해낼 수 있을까?' 하는 생각이 들 때마다 힘들고 고통스러운 것을 피하고 싶어서 변명하고 합리화하려는 속마음을 관찰하게 되었다.

'힘들다, 그만하고 싶다'는 생각이 들 때 속마음을 들여다보면 나는 한순간도 힘들기 싫고, 손해를 보기도 싫다. 그래서 어려울 때마다 매번 타협하려고 한다. 한편으로는 힘들지만 내가 할 수 있다는 것을 알고, 이겨내고 싶다는 마음이 있다. 고비가 있을 때면 '한번 해볼까?', '해보자', '할 수 있다' 자신을 긍정하며 달리기를 이어왔다.

환자들에게도 늘 마음을 들여다보고 자신을 이해하고 긍정하도록 전하고 있다.

마라톤을 하다 보면 때로는 이렇게 달려서 뭐하나 싶은 생각이 든다. 그 감정이 무기력하고 우울하기도 하다. 기록을 앞당기며 대회를 마칠 때는 해냈다는 기쁨과 환희의 순간들이 존재한다. 하지만 곧이어 밀려오는 피로감, 무력감, 상실감, 허탈한 느낌을 경험한다.

이것은 직장, 학교, 가정 등 일상생활에서 겪는 무기력이나 우울감과 별반 다르지 않다. 환자들이 "더는 못하겠어요", "이제는 그만 쉬고 싶어요", "나는 왜 늘 이럴까요?" 말할 때, 나는 그 내면의 느낌을 실질적으로 느끼며 공감한다.

달리면서 겪는 심리적 갈등은 일상에서의 것과 환경만 다를 뿐 본질은 같다. 내면의 스트레스를 극복하는 과정 또한 마라톤에서나 삶에서나 크게 다르지 않다.

나는 앞으로도 지금처럼 기록에 대한 목표 없이 달리는 것이 목표다. 그리고 달리기는 계속해서 자신을 성찰하는 명상과 기도, 수행의 방편이 될 것 같다.

> "선생님, 말씀하신 내용이 책으로는 없나요? 책이 있다면 좋겠어요. 곁에 두고 읽어 보면서 선생님과 나눈 이야기들을 다시 떠올리고 싶어요."

진료실에서 들었던 말이 마음에 씨앗이 되어 글을 쓸 수 있게 되었다.

— 여름의 끝자락 진료실에서

차례

PART 2
마음의 근력 키우기

PART 3

정신과 의사의 마라톤 이야기

PART 4

달리기 심리학

PART 1

내 마음 이해하고 존중하기

정신과 의사의 정신 건강

"선생님, 이제는 다 그만두고 쉬고 싶어요."

"우울하고 무기력해서 아무것도 하기 싫어요. 잠에서 깨서 눈을 뜨고 나서도 몸이 일어나지지 않아요. 오늘 하루는 또 어떻게 보내야 하나. 매일 아침 나와의 전쟁이에요."

"어제도 야근하다가 새벽 1시에 퇴근했어요. 얼마 자지도 못하고 8시에 출근했는데 아침 회의 중에 부장님이 '너희는 도대체 제대로 하는 게 뭐냐!'고 소리치시더라고요. 가슴이 갑갑하고 숨이 제대로 안 쉬어졌어요. 이런 일이 자꾸 반복되다 보니 도무지 밤에 잠이 오지 않아요. 화가 나고 억울한 느낌이 들어요."

"다들 결혼해서 아이도 낳고, 일도 잘하고 해외로 휴가도 가고, 재미있게 사는 데 저만 그렇게 못 사는 거 같아요. 나 자신이 못마땅하고 또 미래가 걱정돼요."

진료실에서 매일 환자들을 만난다. 정신건강의학과 전문의가 되고 지난 15년 동안 하루에 적게는 15~20명, 많게는 60~80명의 환자들을 진료하며 이야기를 듣는다. 환자들의 이야기에 공감하고 마음을 쓰는 일이 의미 있지만, 어느 날은 문득 그만 듣고 쉬고 싶다는 생각이 마음 한편에 올라온다. 매일 지속해서 환자들을 진료하고 상담하려면 인내심이 필요하다.

달리기도 마찬가지다. 매일 달려도 매일 힘들다. 숨이 차고 다리가 무겁다. 오늘은 여기까지만 달리고 쉬고 싶은 마음이 든다. 그런데 내일이 오면 또다시 달린다. 어떻게 지속할 수 있을까?

우리는 '현재의 상태나 감정을 말하는 나'를 바라보는 '또 다른 나'가 있음을 어렴풋이 느낄 수 있다. 나는 그것을 참 나, 우주적 에너지, 사랑, 빛이라고 표현한다. 달리기를 할 때 '바라보는 나'가 '힘들다고 말하고 있는 나'를 관찰하고 있으면 '에잇 힘들어, 그만해야지' 하고 쉽게 멈추지 않게 된다.

달리기를 하면서 마음에 일어나는 생각과 느낌을 주시한다. '힘들다'가 아니라 힘들다고 하는 '마음'을 주시하고 있으면 힘은 들지만 그만두거나 멈추지 않고 그 상태 그대로 달리기를 계속할 수 있다. 그것을 인내심이라고도 할 수 있다.

진료하면서 환자가 느끼는 고통과 부정적 감정을 마주하며, 어떻게 듣고 느끼고 있는지 나를 주시한다. 진료하고 있는 나의 마음과 생각 그리고 상태를 보고 알아차린다. 환자가 느끼는 어려움이 무엇인지 이해하고, 어떻게 처방하고 도움을 줄지, 또 그 방법이 효과가 있을지 생각하고 있는 나를 관찰한다.

괴롭고 슬프고 막막하고 난감하고 짜증이 나는 감정은 누구나 피하고 싶다. 정신건강의학과 진료는 부정적인 감정과 생각을 온종일 마주하고 다루는 일이다. 환자가 느끼는 괴로움의 실체를 이해하지 못하면 '왜 나한테 이러나', '그만 좀 이야기하지, 아 지겹다' 등 원망하고 탓하는 마음이 들 수밖에 없다. 또 상대가 말하는 슬픔과 괴로움에 같이 잠겨 있으면 치료 방법을 제시해 줄 수 없다.

한편 치료자라고 해서 모두 해결할 수 있는 건 아니다. 때로는 환자의 문제를 도와줄 수 없을 때도 많다. 내가 할 수 있는 게 없고 스스로 쓸모없다고 느낄 때 사람은 누구나 무력해진다. 치료자는 환자가 말하는 슬픔, 괴로움, 막막함, 우울함, 난감함, 무기력함의 실체를 낱낱이 알 수 있어야 한다. 그러기 위해서는 환자 이전에 나 자신을 먼저 알고 이해해야 한다. 그렇지 않으면 치료자의 가치관에 따라 선입견을 품고 편향된 판단을 하게 된다. 내 앞에 마주 앉은 환자는 나 자신의 또 다른 형태다. 나를 이해하면 '또 다른 나'도 이해할 수 있다.

'명치가 꽉 막힌 느낌으로 답답하고 잠도 안 오고 소화도 안 되겠구나.'

'지금 마음이 아프고 괴롭다고 하는 건 가슴이 찢어지는 느낌일 텐데. 한동안은 무엇을 시작하기 어려운 상태일 텐데.'

정신과 의사는 개인적인 견해에 치우치지 않고 환자가 경험하는 슬픔과 괴로움의 실체를 공감해야 한다. 그러려면 환자를 진료하고 있는 나를 관찰하고 있어야 한다.

'이건 내가 해결해 줄 수 없는 영역이다. 치료자로서 도와줄 수 없다고 생각하니 힘이 빠지는구나. 내가 할 수 있는 건 그저 이야기를 끝까지 들어주는 것뿐이다. 상대가 오롯이 혼자 견디며 버거운 시간을 보내는 동안 그저 옆에 있어 주는 것이 전부다.'

나를 알고 또 마주 앉은 상대를 알고 이해하면 힘든 것을 참고 감내할 수 있다. 진료 과정이 힘들다고 해서 피하려고 하지 않는다.

그냥 살자,
그냥 달리자

마라톤 대회를 앞두고 오른쪽 엉덩이에 통증이 느껴져서 물리치료실을 찾았다.

"달리기를 하는 이유가 있으세요? 스트레스를 풀려고? 아니면 건강을 위해서 달리세요?"

"저는 그냥 달려요. 달리고 있을 때의 몰입감이 기도하는 상태가 되긴 해요."

“좀 전에 치료받으신 분이 저에게 스트레스를 어떻게 푸냐고 물으시더라고요. 걷는다고 말씀드렸더니 그분은 뛰어야 스트레스가 풀린다고 하시더라고요. 걷는 거랑은 느낌이 다르다면서요.”

내가 달리는 이유는 스트레스 해소를 위한 것도 아니고 건강을 위한 것도 아니다. 그냥 달린다. 부수적으로 그런 효과가 따라오긴 하겠지만 말이다.

“왜 마라톤을 하나요?”, “무엇 때문에 달리나요?” 사람들이 많이 하는 질문이다. 그러면 무엇 때문에 달리지 않는가? 달리지 않는 데 딱히 이유가 없는 것처럼 달리는 데도 별다른 목표가 없을 수 있다. 아이러니하게도 이유 없이 그냥 달릴 때 달리기를 꾸준히 지속할 수 있다.

뚜렷한 목표가 있으면 목표를 달성하기 위한 노력을 구체화하고 꾸준히 이어나갈 힘이 생긴다. 그런데 목표를 달성하고 나면 또 다른 목표를 세워야 하고, 그다음의 목표가 또 필요하다. 그래서 제일 좋은 건 그냥 달리는 거다.

동현 씨는 하루에도 몇 번씩 죽고 싶다고 혼잣말하는 버릇을 고치고 싶어서 병원을 찾았다. 죽어야지, 자살해야지 그런 마음이 드는 것은 아니지만 가만히 있다가 '죽고 싶다'를 되뇐다고 했다. 특히 아침에 일어나 샤워할 때 죽고 싶다고 말하는 것을 반복했다. 그동안 혼자 지낼 때는 크게 문제되지 않았는데, 결혼하고 나서는 혹시 아내가 들으면 어떻게 하나 마음도 쓰이고 걱정되어 진료실을 찾았다. 약물치료를 시작하면서 증상이 많이 호전되었지만, 문득 죽고 싶다는 문장이 떠오르거나 말로 되뇌는 습관이 완전히 없어지지는 않았다.

그러다가 휴가로 떠난 여행지에서 단 한 번도 죽고 싶다는 말을 하지 않았다는 것을 깨달았다. 더군다나 여행을 올 때 사정이 있어서 약을 갖고 오지 못했고 복용하지 않는 중이었는데도 말이다. 무엇 때문이었을까?

동현 씨는 여행하는 동안 계획한 대로 움직이고 하고 싶었던 일정을 소화하느라 바쁘기도 했지만, 기대하며 꿈꿔왔던 여행이었기에 즐겁고 행복하다고 느꼈다. 그리고 스스로 많이 좋아졌다고 느끼며 여행에서 돌아왔다. 그런데 집으로 돌아온 뒤 샤워하다가 다시 죽고 싶다고 말하는 자신을 발견했다.

그간 일상생활을 하면서 죽고 싶다는 말을 했던 것도 매우 우울하거나 무기력하고 힘들어서는 아니었다. 아내와 사이도 좋고 일도 잘 해내고 있었다. 그렇지만 여행하는 동안의 행복감에 비하면 상대적으로 밋밋하고 무난한 하루하루였다. 평범하고 재미없는 일상에 비해서 캠핑카로 자유롭게 새로운 곳을 여행하는 게 즐거웠다.

"어떻게 생각되세요? 그동안 습관처럼 죽고 싶다고 말하게 되었던 느낌이 사실은 재미없다, 사는 게 뭐 이래와 같은 느낌이 아니었을까요?"

"전에 선생님 말씀처럼 행복하다는 감정이 상대적인 게 맞는 거 같아요. 그리고 죽고 싶다고 말하는 것도 지루하다, 즐겁지 않다, 행복하지 않다는 뜻으로 내뱉었던 거 같아요."

"그냥 사는 거예요. 삶은 앞으로도 재미없고 지루하고 또 힘들 거예요. 그러다가 또 어떤 때는 즐겁고 행복할 거예요. 그저 그런 평범하고 무료한 날들이 있는가 하면, 상대적으로 수월하고 만족스러운 날도 있고 즐겁고 행복한 순간도 있을 거예요. 다시 샤워하다가 죽고 싶다는 말을 하는 자신을 인지하면 소리 내어 말해 보세요.

괜찮아! 그냥 사는 거야. 원래 재미없는 거야. 그래도 나는 그냥 살 거야."

우리가 사는 데 확실한 이유가 있을까? 왜 사는가?

그냥 산다. 그냥 살자!

그렇다면 그냥 사는 건 어떤 것일까? 그러면 그냥 사는 것이 아닌 건 무엇일까?

TV나 유튜브를 보면 좋은 집에서 여가 생활을 누리면서 사는 사람들의 모습을 보게 된다. 현재 내 모습에 비해 좋아 보이고 부러울 뿐이다. 누가 봐도 그럴듯하게 살아야 성공한 삶이고 제대로 사는 것처럼 생각된다. 이처럼 우리는 남이 정해주는 가치에 따라 살려고 한다.

스스로 만족하는 삶을 살려면 타인의 기준이 아니라 내가 정한 가치에 따라 살면 된다. 쉽다. 그런데 어떤 것 때문에 그렇게 살지 못할까?

"인생의 목표가 뭐예요?"라는 질문에 "그냥 살아요"라고 대답한다면 어떤 생각이 드는가? 생각도 없고 목표도 없는 사람으로 비치면서 별 볼 일 없는 사람으로 여겨질 것 같다. 성실하지도 않고, 삶의 계획이나 규칙도 없고, 의지도 없이 즉흥적으로 하루하루의 삶을 낭비하는 나태한 사람으로 평가될 것 같다. 그래서 뚜렷한 목표 없이 나에게 맞게 그냥 사는 게 어렵다.

달리기도 마찬가지다. 달리기를 할 때 현재 내 몸에서 자연스럽게 나오는 페이스가 어떻게든 나를 앞으로 나아가게 한다. 구체적인 기록을 목표로 정하거나 훈련하지 않아도 결국 더 나은 기록이 나오는 걸 경험한다.

하루의 삶이 나에게 주어졌고 오늘을 산다. 그리고 오늘도 그냥 달린다. 사는 동안 힘들고 어렵고 재미없는 하루하루가 반복될 것이다. 그러다가 어떤 날은 조금 수월하기도 하고 편안하다고 느낄 것이다. 그러다 보면 감사하고 즐거운 순간도 마주하게 될 것이다.

무엇을 시작하려고 할 때 앞에 붙는 수많은 수식어를 내려놔 보자. 때로는 그냥 하는 것이 어쩌면 오랫동안 지속할 수 있는 가장 최선의 방법이 되기도 한다. 누군가에게는 한심해 보일지 모르는 '그냥 한다'는 것은 누구보다 그 순간에 몰입한다는 의미이기도 하다. 힘들고 어렵다고 해서 피하지 않고 마주하며 지속해 낸다는 뜻이다.

우선순위
정하기

"낮에는 회사 업무에 지치고 퇴근 후에는 육아 전쟁이에요. 체력이 떨어지는 만큼 피로감도 자꾸 쌓여요. 운동을 해야겠다고 생각했어요. 애들 낳기 전에 달리기를 했는데 기분 전환도 되고 체력도 올라갔던 게 생각났어요. 모처럼 마음먹고 주말 아침에 나가려는 데 아내가 못마땅한 표정으로 쳐다보더라고요. '집안일은 태산이고 주말인데 애들이랑 좀 놀아 주지. 나는 뭐 게을러서 집에 있는 줄 아냐. 나도 운동하고 싶어!' 그런 마음이겠죠?"

"출근 전 달리기를 하면서 좋아진 점이 많긴 해요. 무기력할 때 늘어났던 체중도 줄면서 다이어트 효과도 봤어요. 피부도 좋아지고 이전보다 활기가 생겼어요. 그런데 일주일에 네다섯 번 정도 아침에 5km씩 달리고, 저녁에 근력 운동까지 하다 보니 평일에 너무 많은 시간을 할애하는 것 같아요. 잠은 잘 자지만 몸이 지치기도 하고요."

하루 30분 가볍게 달리기만 하더라도 1시간 이상의 시간이 필요하다. 마라톤 훈련을 할 때는 하루에 3시간에서 4시간 정도를 할애해야 한다.

달리는 시간 외에도 달리기 전에 복장을 갖추고, 야외에서 달릴 때는 선크림과 보습도 신경써야 한다. 스트레칭으로 몸을 풀어주고 달리기를 시작한다. 달리기가 끝나면 정리 체조 후 샤워를 하고 운동복과 사용했던 물품을 정리한다. 하루 중 틈틈이 시간을 내어 그날의 운동을 기록하고 함께 달리는 러너들과 피드백을 나누며 정보를 공유한다. 꾸준한 달리기를 위해서는 근육 운동이나 점프 동작과 같은 보강 운동과 마사지도 게을리할 수 없다. 이렇게 달리기를 위한 일련의 과정을 보내다 보면 하루가 정말 금방 지나간다.

"달리기를 하다 보면 하루가 바쁘잖아요. 다른 자기 계발은 어려울 거 같은데 어떻게 해요?"

맞다. 다른 취미나 운동도 비슷하겠지만 달리기 역시 다른 여가 생활 시간이 부족하다. 여가 시간뿐만 아니라 가족이나 친구들과 보내는 물리적인 시간이 짧아지고 때로는 집안일을 미루게 되기도 한다. 많은 일이 그렇지만 달리기를 하려면 함께 사는 사람들의 이해와 배려가 필요하다.

스스로 무엇을 가장 원하고 필요로 하는지 점검해 우선순위를 정해야 한다. 삶의 어떤 영역이든 필요에 따라서 우선순위를 맨 앞에 둘 수도 있고 때로는 맨 뒤에 둘 수도 있다.

마음먹으면 된다는데,
마음은 어떻게 먹어요?

기현 씨는 상사로부터 부당하다고 느껴지는 대우를 받으면서 수시로 억울하고 화나는 감정이 치밀어 오른다. 잠도 안 오고 입맛도 없다. 최근에는 혈압도 자주 오르는 데 아버지가 뇌졸중, 고혈압으로 돌아가셨기 때문에 건강 걱정을 안 할 수 없다. 운동이 도움이 된다는 건 알지만 몸도 마음도 무기력하여 시작이 어렵다.

"운동하려고 등산 동호회에 들었어요."

"이번 주말에 여자친구와 트레킹 가려고 해요."

"다음 달 1일부터 시작할 거예요."

운동을 해야겠다고 마음을 먹은 시기가 가을이었는데, 겨울과 봄이 지나고 한여름이 되었다. 과연 기현 씨는 운동을 언제 시작할 수 있을까?

운동이 필요하다고 느끼지만 막상 시작하려니 쉽지 않고 지속하기도 어렵다. 이전에 하던 운동에서 종목을 바꾸거나 강도를 높이고 횟수를 늘리는 일 역시 쉽지 않다. 그런데 아예 운동을 처음부터 시작해야 할 때는 어디서부터 어떻게 해야 할지 막막하다.

백지에 그림을 그릴 때 보통 밑그림부터 시작한다. 전체 형태를 잡고 그림을 그리다가 세부적인 표현을 하고 채색을 진행한다. 운동을 시작할 때도 그림과 마찬가지로 윤곽이 되는 테두리부터 잡아가면 된다.

"휴직 동안 체력을 강화하기 위해 무슨 운동을 하면 좋을까 고민하다 일주일에 두 번 정도 등산을 가면 좋겠다고 생각했어요. 그래서 주말마다 관악산을 가려고 마음은 먹지만 정작

가지는 못 하고 있어요. 집에서 지하철로 세 정거장이면 가는 거리예요. 그런데 덥고 땀나고 숨찰 걸 생각하니 엄두가 나지 않아 미루고 있어요."

"처음부터 정상까지 올라가는 등산을 생각하면 시작하기 어렵습니다. 한 번은 다녀오겠지만 하산한 후 온몸이 근육통으로 등산 후유증에 시달릴 수 있어요. 처음에는 관악산 입구까지만 다녀와 보면 어떨까요? 둘레길을 조금 걷다가 돌아와도 좋고요. 이렇게 한 번 두 번 반복해 봅시다. 그렇게 하다가 마음이 내키는 날에는 산으로 향하는 오르막길도 한 걸음 두 걸음 올라가 보는 거예요."

날이 더워지기 시작하면서부터는 낮에 산을 오르면 당연히 숨이 가쁘고 땀도 많이 난다. 그렇지만 땀이 나고 숨찬 것만 있는 것은 아니다. 산을 다 오르고 숨을 고르면서 이마에 스치는 시원한 바람에 집중해 보자. 등산하기로 마음만 먹고 아무것도 하지 않을 때보다 훨씬 기분이 좋다는 걸 온몸으로 느낄 수 있다. 그러면 내일도 관악산 입구까지 갈 힘이 생길 것이다.

달리기를 꾸준하게 하고 싶다면 처음에는 문밖에 나갔다가 오는 것부터 시작한다. 운동복을 입고 문을 열고 나가서 내가 운동하려는 장소에 갔다가 돌아오는 것을 반복하며 습관을 들인다. 헬스장 트레드밀이나 운동장 혹은 공원이든 다녀만 오자. 그러다가 달리기를 시작해 본다. 달리는 거리나 시간은 짧아도 좋다. 대신에 며칠에 한 번씩 하는 것보다는 매일 반복하는 것이 습관을 들이기 수월하다.

'오늘은 쉬자'라는 선택지를 없애면 갈등이 줄어든다. 짧게 달리더라도 매일 반복해 보자. 달리기를 시작해서 몇 번 달리다 그만둘 것이 아니기 때문에 당장 무엇을 성취하지 않아도 된다. 그렇게 두세 달 반복하면 습관이 들고 달리는 거리와 시간도 자연스럽게 늘어난다.

시작하기 전에 이미 멈출 준비가 되어 있다

1km에 4분 25초 달리는 페이스로 32km를 지속하는 훈련을 앞두고 끝까지 달릴 자신이 없었다. 겪어 보지도 않고 힘들 거라고 지레 겁을 먹으며, 그래도 '하프 거리21.1km는 채워야지'라고 마음먹는다.

12km에서 고비가 있었지만 앞서 달리는 사람에게 시선을 고정하며 남은 거리나 바퀴 수를 생각하지 않기로 했다. 복식 호흡을 하면서 몸에 긴장을 풀고 힘든 순간을 넘겼다.

21km에서 오는 고비를 넘겼지만 결국 24km에서 멈추었다. '그래도 하프는 버텼잖아' 하며 시작하기 전에 이미 도중

에 멈추기로 한 속셈을 은근슬쩍 감추었다.

훈련을 마치고 되돌아보면서 '그때 멈추지 않을 수 있지 않았을까?' 스스로 답을 찾아본다. 멈추지 않고 주어진 거리를 다 달리려면 '하프까지만 버텨야지' 하는 생각이 없어야 했다. '하프까지만 버텨야지' 하고 먼저 뇌에 명령을 내렸기 때문에 몸은 이미 멈출 준비가 되어 있었다. 그러면 '하프까지만 버텨야지' 하는 생각을 왜 했을까? 32km를 다 달리면 숨차고, 다리가 점점 무거워지면서 힘든 것을 알기 때문이다. 힘들어지고 싶지 않아서 스스로 타협점을 정했다.

'숨차고 버겁다고 먼저 겁먹지 말고 한번 해보자. 그래도 힘들면 멈출 수도 있고 해볼 만하면 지속하면 된다. 다 괜찮다. 미리 정하지 말고 몸의 느낌과 마음의 생각을 관찰만 하자'라고 마음을 정하면 지속할 수 있었다.

절실해야
마주할 수 있다

"선생님, 무기력할 때 도움이 되는 약은 없나요? 기분이 우울한 것은 아닌데, 무기력해서 자기 계발을 할 수가 없어요. 약의 도움을 받고 싶어요."

동수 씨는 이직할 때 유리한 조건을 갖추려고 미국 회계사 시험 공부를 하려고 한다.

"저한테는 마음만 먹으면 할 수 있는 공부예요. 회사 다니면서도 주말에 공부하고 준비해서 합격할 수 있는 시험이거든요. 그런데 주말에 공부하려고 마음은 먹는데, 내내 누워 있거나 유튜브를 보다가 주말이 지나가 버려요."

"그만큼 절실하지 않기 때문이려나요?"

"네. 이직을 한 번 했지만 자격증 없이도 가능했거든요. 그리고 지금 다니는 직장도 크게 나쁜 건 아니에요. 그렇지만 조금 더 나은 조건으로 이직하고 싶은 마음이 있어서요."

마음이 잡히지 않는 것은 절실하지 않기 때문이다.

2023년 가을, 마라톤 대회를 앞두고 3시간 이내 완주를 목표로 하는 그룹에서 같이 운동하면서도, 서브3을 달성하고 싶은 절실함이 없었다. 그동안의 마라톤 기록만으로도 나로서는 충분히 잘했다고 만족하고 있었다. 그래서 달리기도 체력적 한계를 넘지 않는 범위에서 할 만큼만 하고 체중 조절도 따로 하지 않았다. 물론 '삶의 한 부분으로서 지속할 수 있는 운동을 한다'는 평상시 목표와 필요성에 맞춘 것이긴 하다.

2024년 3월에 있을 동아일보 서울 국제 마라톤 대회를 한 달 앞두고 이왕이면 그동안 훈련한 기량을 바탕으로 3시간 5분에서 7분의 기록으로 달려 보자고 마음을 먹었다. 그러려면 km당 4분 25초 페이스로 42.195km를 달려야 하는데, 훈련을 통해서 나를 확인한 결과 체중 감량 없이는 하프 이상 그 속도를 유지하기 어렵다고 판단되었다. 달리기를 할 때 몸이 가벼울수록 조금 더 빠른 속도로 조금 더 오래 달릴 수 있다.

마음을 먹기 이전에는 몸이 가벼우면 달리기가 한결 수월해진다는 걸 알면서도 '체중 빼기 어렵네' 하며 회피해 왔었다. 체중 감량의 필요성이 절실해지니 저녁을 먹지 않고 잠자리에 들어도 배고픔으로 괴롭지 않았다. 배가 고픈 느낌을 그대로 바라볼 수 있었고 오히려 편안한 느낌으로 인식되었다.

힘든 것을 알지만 해내기로 마음을 먹으려면 내가 얼마나 절실한 마음을 가지고 있는지 확인해야 한다. 그리고 절실한 필요성이 있어 힘든 것을 하기로 마음먹고 해내고 나면 고통스러운 것만 있는 것은 아니란 걸 알게 된다. 그 힘든 것을 참고 해낸 자신이 뿌듯하고 만족스럽다.

목표를 세우지 않아도 괜찮아

누가 나에게 게으르다 혹은 불성실하다고 평가하는 것도 아닌데 스스로 못 견뎌서 목표를 정하고 삶의 규칙을 만든다. 그래야 열심히 사는 것 같고 불안이 사라지는 느낌이 든다.

"선생님, 저는 자책하며 동기부여를 해요. 왜 나는 이것밖에 안 되지? 이렇게 게으르게 지내다가는 살만 더 찌고, 그럼 또 짜증나고 무기력해질 거야. 운동이라도 해야 해! 이렇게 스스로를 다그쳐요. 자책하지 않고 다른 방법으로 잘 살고 싶어요."

일주일에 세 번 이상 30분 근력 운동하기, 하루 10분 외국어 공부하기, 출퇴근길에 책 읽기 등 목표를 정한다. 이 정도면 나도 열심히 목표를 향해서 사는 것 같다.

우리는 마음 안에 자리 잡은 불안, 두려움, 걱정, 염려, 우울을 가리기 위해 목표를 정한다. '영어 공부를 열심히 해서 오픽 몇 등급 받아야지', '운동해서 5kg 빼야지' 등 '나는 이렇게 열심히 사는 사람이야'라고 내세울 수 있는 명분이나 근거가 필요하다. 불안에 시달리지 않기 위해 우리는 목표에 매여 관리받아야 하는 존재가 되었다. 목표에 따르는 스스로의 규칙을 지키면 뭐라도 한 것 같아서 불안이 조금은 잦아든다.

이미 충분히 잘 살고 있음에도 스스로를 게으르며 무기력하다고 평가하는 것을 진료하면서 자주 접한다. 외국어 공부와 자격증 취득, 이직 준비, 재테크를 위한 경제 공부, 혹은 운동을 다른 사람만큼 하지 못한다면서 스스로를 닦달한다. 현실에서 자신의 임무에 충실하며 부지런하게 살고 있지만 주변 사람들과 비교하면서 만족하지 못한다. 필요한 휴식도 취하지 못한 채 가만히 쉬면 안 될 것 같은 불안감에 시달린다. 퇴근 후나 주말에도 나름의 목표를 정하고 달성하려고 애쓴다.

나는 달리기를 하면서 기록을 목표로 달리지 않았다. 몇 시간 몇 분의 기록을 정하지 않았다고 해서 안주하거나 게을러지지는 않았다. 몸과 마음은 항상 현재 상태보다 더 나은 방향으로 나아갔고, 그러다 보면 달리기가 끝난 후에는 향상된 기록이 따라왔다.

살아가는 동안 노화에 따른 퇴보도 당연하게 올 것이다. 그럼에도 뛸 수 있는 몸의 상태라면 달릴 것이고, 그 상태에 맞는 향상된 결과가 따라올 것이다. 앞으로도 그냥 달릴 테지만 분명 이전보다 한 뼘 더 성장할 것이다.

우리는 저마다 스스로 노력하고 있다. 이런 자신을 알아주고 믿어주자.

목표보다는
균형 잡기

대부분의 사람은 목표를 정하고 그에 맞는 계획을 세워야 한다고 말한다. 꽤 많은 부분에서 우리 삶의 여정은 그렇게 돌아가기도 한다. 그렇지만 목표를 정하여 성취하고 난 이후도 생각해야 한다. 계획대로 노력해서 목표에 도달한 이후에는 만족스럽고 후련하지만 얼마 지나면 다시 허전하고 무력하다. 그래서 또 그다음 목표를 세우기 마련이다. 하지만 우리가 쓸 수 있는 신체적, 심리적 에너지는 한정되어 있으므로 새로운 목표를 세운다고 해서 매번 그만큼의 추진력을 얻기는 어렵다. 목표 달성 뒤 찾아오는 상실감을 미리 알고, 그때는 어떻게 견딜지 여유를 가지고 대비하는 것이 필요하다. 그렇지 않으면 목표 성취 이후 나락으로 떨어지는 우울과 무기력감에서 헤어나기 어려워진다.

2024년 봄 2주 간격으로 풀코스 마라톤 대회와 하프코스 마라톤 대회에서 개인 최고 기록을 달성했다. 그리고 런던 마라톤을 다녀오고 2주가량 달리기를 멈추었더니, 운동량이 급격하게 줄어들면서 무기력한 시기를 보냈다. 그러던 중 운동장에서 일반인들에게 달리기를 지도하는 큐트레일 이규환 코치와 이야기를 나누게 되었다. 이 코치는 풀코스 마라톤을 2시간 30분대에 달리는 데, 나는 그가 대회 후에 겪는 몸과 마음의 상태가 어떤지 또 어떻게 회복하는지 궁금했다.

"최선을 다해 전력으로 달리고 나면 한동안은 무기력해서 아무것도 하고 싶지 않아요. 면역력이 저하되어 감기에 걸리기도 하고, 딱히 아픈 곳이 없음에도 기운 없는 상태가 지속되기도 해요. 그래서 대회 후 2주 정도는 스피드 훈련은 하지 않고 가볍게 조깅을 해요. 어떤 날은 그냥 쉬기도 하고요. 회복하는 데 2주가량 걸리긴 하지만 대회를 준비하고 다시 훈련을 이어가요. 그렇지만 자신의 기량을 최고 정점으로 끌어올려 최정상에 오른 이후에는 한없이 나락으로 떨어져서 다시 기량을 끌어올리는 데 큰 어려움을 겪는 경우도 많아요. 아래서부터 차근차근 올라온 사람들이 그래서 오래 갈 수 있는 것 같아요."

'마라톤을 3시간 30분 이내에 달려야겠다', '3시간 이내에 달려야겠다' 목표를 정하고 매일 정해진 훈련을 소화한다. 집중해서 몸을 관리하고 목표를 달성하면 '이 어렵고 힘든 걸 내가 해냈다!' 하는 성취감과 만족감이 대단하다. 그런데 만족과 기쁨의 감정은 조금만 시간이 지나도 썰물처럼 빠져나간다. 이후에는 상대적으로 헛헛함과 무력함이 빈자리를 채운다. 만족하고 성취감을 느끼는 정도가 클수록 그만큼 허탈하고 무기력한 정도도 커진다. 자신이 원하는 기록을 위해 2~3년 정도 열심히 달리다가 목표를 달성하고 나서는 그만두는 사람들을 10년 넘게 마라톤을 해오면서 자주 보았다.

의식이
몸을 지배한다

"갑갑한 느낌 같기도 하고 불안한 것 같기도 해요. 그리고 무엇보다 힘이 안 나고 아무런 의욕이 없어요. 업무는 많지만 집중이 어려워요. 주말에 쉬어야지란 마음으로 주중을 버티고 있었는데 출근해야 할 일이 생겼어요. 크게 부담되는 업무는 아니지만 마음에 버티고 있던 끈이 탁 끊어진 느낌이에요."

금요일까지만 일을 마치면 지금까지 고생했으니 휴식을 취하려고 했다. 기대감이 사라지면서 힘이 빠졌고 일을 지속할 동기부여도 무너진 셈이다. 달리다가 다 왔다 드디어 끝이라는 생각이 드는 순간, 그다음에는 1m도 더 가고 싶지 않은 마음이 든다. 죽자 살자 피니시에 뛰어 들어왔는데 한 발짝만 더 가라고 해도 거부감이 올라온다.

"신제품 출시일을 앞두고 업무가 많았어요. 숨 가쁘게 지내면서도 1월까지만 버티자 하는 마음으로 견뎠어요. 2월이 되면 좀 나아질 줄 알았는데 일이 줄지는 않더라고요. 또 아이가 폐렴으로 아프면서 간호하느라 더욱 쉴 틈이 없었어요. 끝도 안 보이고 앞으로 어디까지 버텨야 할지 엄두가 안 나요."

"저기까지만 뛰면 돼! 하고 피니시를 바라보며 버티고 달려왔는데 한참 더 가라고 하니까 맥이 탁 풀리셨네요."

"맞아요. 풀코스 마라톤을 마치고 도착점에 들어왔는데, 이제 다시 하프 마라톤을 더 달리라고 하는 느낌이에요."

달리다가 멀리서 피니시 라인이 보이기 시작하면 고요했던 틈으로 생각이 들어온다.

'저기 앞까지만 가면 피니시야. 쉴 수 있어. 숨차고 힘든 것도 곧 끝나.'

그런데 생각했던 지점이 피니시가 아니라 100m 앞이라고 하면 42.195km도 달렸음에도 100m를 더 가는 것이 너무 힘들다. 그런데 반대로 피니시에 다 왔다고 느끼면 지금까지 없던 힘도 생겨서 막판 스퍼트로 질주해서 들어올 수도 있다.

마라톤 대회 페이스를 맞추어 20,000m를 지속해서 달리는 훈련을 했다. 운동장 1레인 400m 트랙에서 50바퀴를 달리는 훈련이다. km당 4분 30초에서 4분 15초로 5,000m마다 페이스를 5초씩 올리며 달렸다. 35바퀴를 넘어서니 처음보다 숨도 가쁘고 고되다는 느낌이 살짝 들었다.

앞 사람만 보며 달리기를 이어갔다. 3바퀴가 남았다고 생각했는데, 누군가 "2바퀴 남았어요" 하는 소리가 들린다. 순간 신나는 느낌이 들면서 몸이 가벼워진다. 2바퀴를 다 돌고 들어왔는데 뒷사람이 1바퀴 더 남았다고 한다. 그 순간 몸에 브레이크가 걸린 것처럼 느려지고 속도가 나질 않는다. 숨이 확 차면서 다리가 안 올라가는 느낌이다. 끝이라고 생각했는데 1바퀴를 더 뛰어야 한다니. 운동장 49바퀴 19,600m도 뛰었는데 고작 1바퀴 400m를 달릴 동력이 순식간에 꺼진다.

의식이 신체를 지배하기 때문이다. 몸은 의식을 관장하는 뇌와 연결되어 작동한다. 마음으로 끝났다고 생각하는 순간 몸은 아무것도 하고 싶지 않다. 더 진행하면 몸과 마음 모두 이전보다 훨씬 힘들다고 느낀다.

> "어제는 팀장님이 업무 보고서에 빨간색으로 표시한 걸 보는데 구토할 것 같았어요. 이미 제 마음이 떠나서 그런 걸까요? 언제까지 이 일을 해야 하나, 언제까지 참아야 할까, 당장 오늘 하루는 버틸 수 있을까 싶어요. 밤에 자려고 누워도 컴퓨터가 꺼지지 않은 것처럼 깨어 있는 상태가 5개월은 넘은 것 같아요."

민현 씨는 매주 임원들에게 보고할 회의 자료를 만드는 스태프 업무를 5년째 하고 있다. 버겁고 힘든 상태가 이어지면서 1~2년 전부터는 이대로 못 버티겠다 싶어 업무 변경을 요청했다. 이번 인사이동 때 업무가 바뀔 거로 생각하고 참아 왔지만 회사 사정상 업무 변경이 어렵다는 답변을 들었다. 언제까지 버텨야 하는지 그 끝을 모르니까 엄두가 나지 않고 매일이 고되다.

이미 끝낼 준비가 되어 있는데 조금이라도 더 하라고 하면 한숨이 나오고 짜증이 난다.

아이가 공부를 마치며 "엄마 다 했어. 이제 게임 할 거야!" 하는데 "어 그래, 그럼 다음 장도 더 풀어보자" 그러면 마음이 어떨까?

몸의 세팅이 끝났는데 더 하자고 하면 거부반응이 올라온다. 기대했던 것이 충족된 마음에 그 기대를 취소시키려면 강한 저항에 걸린다. 마음과 몸의 연결, 의식과 신체의 연결에 정지 신호를 보내 놓고 다시 시작하려면 참 어렵다.

지금, 여기,
나에게 맞는 속도

삶도 달리기도 템포 맞추기다. 나에게 맞는 템포로 조절하는 능력을 갖추면 수월해진다. 자동차를 운전할 때 급가속하거나 급브레이크를 밟으면 적정 속도로 일정하게 주행할 때보다 연비가 떨어진다. 매일의 삶도 일정한 속도로 균형감 있게 완급 조절할 수 있는 지혜가 필요하다.

"일이 많아서 바쁘고 힘들어요. 이러다 죽는 거 아냐 싶은 마음이 들더라고요. 느긋한 마음은 온데간데없고 사소한 일에도 마음이 조급해져요. 그런 데다가 업무와 관련해서 다그치는 부서장의 말이 너무 거슬려서 감정적으로 벌컥 화를 냈어요. 가슴이 벌렁거리고 에너지가 소진된 느낌이에요. 숨을 들이마시긴 하지만 내쉬는 게 잘 안 되는 것 같아요. 일과 사람 사이의 강도를 조절하고 쉬는 연습을 해야겠어요."

진호 씨는 바쁜 업무에 치여 회사에서도 늘 긴장하고 있다. 부서장의 사소한 말에도 예민하게 반응하게 되고, 집으로 돌아가서도 긴장이 풀리질 않는다. 일할 때 완급을 조절하고 중간중간 휴식을 취해야겠다고 머리로는 생각하지만 잘 실행되지 않는다. 필요성을 스스로 느끼고 있으므로 휴식을 취하면 나아질 수 있다. 그런데 업무를 하다 보면 다시 바빠지고 언제든 자신이 소진되는 느낌을 받을 텐데, 어떻게 하면 일할 때 완급을 조절하고 제때 쉴 수 있을까?

"일이 많을 때 각성이 되어서 처리가 빨라지는 느낌이 싫지만은 않아요. 그런데 기운이 금방 떨어지는 느낌이 들어요. 그렇게 전력 질주하듯이 일을 하고 나면 체력적으로도 정신적으로도 힘들다는 느낌뿐이에요."

우리는 아무것도 하지 않는 시간을 불안하게 느낀다. 바쁘게 일하면서 느끼는 각성을 활력으로 느끼며 무기력한 느낌보다 차라리 낫다고 여기기도 한다. 또 무엇이든 멈추었다가 다시 시작하려면 지속하고 있을 때보다 힘이 배로 든다. 그래서 일이든 운동이든 멈추고 쉬는 것이 겁나기도 한다. 하지만 우리가 가진 에너지는 한정되어 있어서 무엇이든 쉼 없이 지속할 수는 없다. 그러면 원하지 않아도 자신도 모르게 무기력한 상태로 빠져들게 된다.

삶이든 일이든 강약을 조절하려면 현재를 바탕으로 강도를 맞춰야 한다. 그러려면 가장 먼저 나의 상태를 알아야 한다. 오늘 나의 신체적·심리적 컨디션이 어떤지, 오늘 얼마나 에너지를 쓸 수 있는지, 또 그만큼 에너지를 쓸 동기부여는 되어 있는지 스스로 파악할 수 있어야 한다.

내 컨디션은 어떻게 파악할 수 있을까? 스스로를 관찰하고 평가할 수 있는 상태로 전환하면 된다. 바로 한발 물러서서 나를 보는 느낌이다.

"이혼 절차를 마치고 약간 진이 빠진 상태였는데 내가 그동안 왜 이렇게 아웅다웅하며 살았나 싶은 마음이 들더라고요.

집중해서 볼 때는 보이지 않고 방향성을 잃었다가, 오히려 물러서니 제가 보였어요. 예전에 미술을 전공할 때 모델을 그리려면 뒤로 물러서서 관찰하고 그랬거든요. 모델을 보듯이 나를 바깥에서 보는 느낌이에요."

진호 씨에게 깨달아지는 느낌, 자각이 온 것 같다.

한발 물러서서 나를 바라보려면 어떻게 해야 할까?

심호흡을 크게 해보자. 숨을 깊게 들이쉬었다가 천천히 내쉬면서 호흡을 바라보자. 숨이 들어오고 있구나. 그리고 숨이 나가고 있구나. 호흡을 주시할 수 있다면 일어나는 생각과 느낌을 알아차릴 수 있다. 즉 나를 바라볼 수 있다. 스스로를 관찰할 수 있어야 현재 내가 감당할 수 있는 삶을 살고 있는지, 무리하지 않는지, 여유가 있는지 살펴볼 수 있다.

달리기를 할 때도 시선을 멀리 두고 달리면 속도 조절이 더 수월하다. 시야에 나뿐만 아니라 운동장 안에 달리고 있는 다른 사람들의 모습이 보인다. 관찰자가 되어 내가 달리는 모습을 느낄 수 있다. 그러면 넓은 배경 가운데 달리고 있는 내가 조명되면서, 몸에 불필요한 힘이 들어가지 않고 달리는 자세도 좀 더 자연스러워진다.

"빨리 다시 인정받고 싶은 마음이 컸나 봐요. 후배들한테 무시당하고 싶지 않은 마음도 있었고요. 그러다 보니 스스로를 조급하게 만든 것 같아요."

4년 육아휴직 후에 복직한 은희 씨는 한두 달은 무척 힘들었다. 오랜만에 나온 회사에서 과거에는 무리 없이 할 수 있었던 업무가 어색하고, 후배들을 못 따라가는 불안한 마음이 들었다. 한동안 일을 쉬었으니까 이전보다 못 하는 게 당연하다고 생각하면서도 한편으로는 빨리 자리를 잡아 인정받고 싶은 마음도 들었다.

한 달 혹은 몇 년 동안 운동을 쉬었다가 다시 시작할 때도 마음이 조급하다. 2024년 4월 런던 마라톤을 다녀오고 몸살을 앓으면서 약 2주 정도 달리기를 쉬었다. 다시 시작하려니 체중도 늘고 숨이 차서 호흡 조절도 생각만큼 되지 않았다.

그동안 풀코스 마라톤을 3시간 10분 내 완주하는 훈련을 하면서, 1km당 4분 25초 페이스로 42.195km를 달릴 수 있는 몸으로 만들었다. 그런데 같은 페이스로 1km를 달리기도 버겁다. 달리기를 멈춘 것은 2주였지만 회복해서 원래 달릴 수 있는 기량으로 끌어올리는 데는 더 많은 시간이 필요했다.

봄에 있는 마라톤 대회를 준비하면서 한동안 강행군의 일정이긴 했다. 에너지를 지속해서 최대치로 사용해 왔기 때문에 몸과 마음에 회복될 시간이 필요했다. 올 한 해만 달릴 것이 아니므로 휴식 시간을 충분히 가졌다. 그리고 매일 아침 운동장에 나가는 것을 목표로 하면서 달리기의 끈만 이어갔다.

현재의 나는 현재의 그대로 괜찮다. 물론 과거의 나와 비교해서 업무적 능력이 뒤떨어질 수도 있다. 그렇지만 그동안 일을 쉬었기에 이전보다 뒤떨어지는 것은 자연스러운 현상이다. 현재 상태에서 지금 여기에 맞게 다시 시작하면 된다. 앞으로 조금씩 나아질 나를 믿고 기다려 주자.

삶은 기쁨과 슬픔, 행복과 우울의 순환이다

"아무것도 하고 싶지 않고 아침에 일어나는 게 너무 힘들어요. 출근하다가 사고라도 났으면 좋겠다는 생각이 들어요."

'무기력하다'라고 말할 수밖에 없는 느낌이 있다. 무기력해서 아침에 일어나기 힘들고, 업무에 집중하기 힘들고, 운동도 하기 싫다. 생각이나 감정 그리고 행동은 밖으로 드러나는 것이다. 즉 무기력하다고 여겨지는 실체에서 비롯된 겉모습이라 할 수 있다. 무기력하다고 말하는 언어, 무기력하다는 느낌에서 나오는 표정, 한숨, 몸짓 등의 표현은 그릇이라 할 수 있다.

그릇 안에 담기는 '무기력하다'는 내용물의 실체가 있다.

내 앞에 짜장면 한 그릇이 있다고 상상해 보자. 짜장면이 담긴 그릇을 짜장면이라 지칭하지 않는다. 그릇에 담긴 면과 짜장 소스를 짜장면이라고 한다. 비빔밥이 담긴 놋그릇을 비빔밥이라고 하지 않는다. 접시에 담든 물컵에 담든 내용물은 비빔밥인 것처럼 말이다.

"이대로 누워 있고 싶어", "오늘 하루는 어떻게 보내지"라고 말해질 때 명치 부위 가슴이 조여 온다. 납덩이처럼 무거운 게 내려앉아 갑갑한 통증처럼 느껴진다. 꽉 막힌 느낌으로 다가오기도 하고 곧 울음이 터질 것 같은 느낌이기도 하다.

무기력을 해소하려면 '무기력하다'고 말하는 느낌의 본질과 실체를 찾아야 한다. 무기력하다고 말할 수밖에 없는 느낌은 상대적으로 존재한다. 성취감을 얻지 못할 때나 재미없거나 신나지 않을 때 상대적으로 무기력하다고 느낀다. 즉 외부에 원인이 있는 것이 아니라 마음 안에서 선을 그어 나눈 것이다.

진료실을 찾는 많은 사람들이 무기력함을 호소한다. 지속되는 업무 과중 속에서도 자격증을 취득해야 하고 어학 공부도 게을리할 수 없다. 집안일과 자녀 양육 역시 소홀히 할 수 없다. 부부 갈등으로 인한 감정적 소진, 대인관계에서 느끼는 불편함과 긴장감 등이 누적되어 더는 아무것도 하고 싶지 않고, 그 무엇도 시작하기 힘들다.

운동선수들이 중요한 대회 이후 느끼는 무기력도 심리적·신체적 에너지를 소진하고 난 후 경험하는 것으로 그 본질이 같다. 직장에서 일하면서 느끼는 감정 소모와 일상생활에서 진을 다 뺀 후 겪는 무기력감이나 우울감과 실체가 같다.

> "지난주에 프로젝트가 끝났어요. 그동안 출근해서 퇴근할 때까지 부담가졌던 일들이 어느 정도 끝났어요. 지금은 편해졌는데 오히려 밤에 잠을 자주 깨고 아침에 못 일어나겠어요."

> "요즘 잠이 그렇게 와요. 약을 안 먹어도 잠이 쏟아지듯 오고 출근해서 일하는 데 정신이 몽롱해요. 얼마 전까지 눈코 뜰 새 없이 바빴어요. 그런데 지금은 일도 정상화되고, 일상도 여유가 있거든요. 밀린 집안일도 하고 그동안 못했던 운동도 하려고 했는데, 침대에서 일어나질 못 하겠어요. 왜 이럴까요?"

바쁜 일이 지나고 며칠 푹 자고 나면 피로감도 회복되고 나아질 것 같은데 오히려 더 피곤하다. 몸과 마음의 에너지를 소진하면 회복하기 전까지 충전이 필요하다. 그래서 뇌는 새로운 에너지 소비를 최대한 피하려고 한다. 신체적 움직임과 정신적 활동을 낮추어 에너지 소모를 줄이는 절전모드 상태로 들어간다. 그러다 보면 열심히 일할 때 분비되었던 도파민 레벨도 낮아지고, 신체 활동을 꾸준히 할 때 원활하던 혈액순환과 기분 상태가 저하되면서 일에 집중도 안 된다. 그리고 몸은 무겁고 우울한 기분도 들며 딱히 하고 싶은 것도 없다. 이 시기를 견디며 잘 지내가 참 어렵지만 당연하고 자연스러운 시기로 이해되어야 한다. 봄에 씨앗을 뿌려 가을에 수확하고 추운 겨울 동안 생산하지 않는 시기가 있다. 그리고 겨울이 지나가면 다시 씨를 뿌리고 새싹이 자라 무성해져서 열매를 맺고, 다시 겨울의 휴식이 반복된다.

이처럼 우리의 삶도 순환하며 반복된다. 업무가 많고 바빠 에너지가 소진되었다 회복하는 사이클이 돌아간다. 부부 관계에서도 열정적이며 좋았던 시기가 있는가 하면 심드렁하고 냉랭한 시기가 있다. 신혼이 지나가고 나면 알콩달콩 깨 볶는 설렘 대신에 편안함이 자리한다.

모든 느낌은 상대적으로 존재한다. 열정적으로 활력이 넘치는 시기가 있으면, 상대적으로 우울하고 무기력한 시기도 찾아온다.

나를 평가하는 주체는 나 자신이다

마라톤 대회를 앞두고 대회 페이스에 익숙해질 필요성을 느껴 평상시 뛰던 그룹에서 레벨을 높여 상위 그룹에서 훈련했다.

'혹시 내가 달리는 페이스가 늦어서 뛰는 사람들에게 방해가 되면 어쩌지?', '뛰다가 힘들어서 빠지거나 멈추게 되면 누군가 실력도 안 되는데 왜 끼었냐고 물으면 어쩌지' 하는 여러 생각에 머리가 복잡했다.

두 달 전 일이다. 운동장 트랙 8레인에서 달리다가 다른 훈련 그룹을 추월해야 해서 7레인으로 들어갔다 다시 8레인으로 나오던 타이밍이었다. 열 맞춰 달리던 흐름이 뒤엉켰다가 다시 정열을 잡아가는 데 한 템포 느리게 달리던 내가 방해되었는지 뒤에서 있던 러너가 "에이 씨, 어디로 가실 거예요?"라며 퉁명스럽게 말했다. 순간 위축되고 얼어붙었던 당시의 불편한 느낌을 다시 겪을까 봐 레벨을 높여서 뛰는 게 망설여지는 것이다.

'정말 뒤에 있던 사람이 나를 원망하고 싫어했을까? 그리고 그 순간의 감정이 계속될까?'

스스로에게 질문한다. 내 코가 석 자인데 다른 사람이 어떻게 뛰는지, 신경 쓰고 마음에 담아 둘 겨를이 없다.

그룹 훈련을 할 때는 여러 명이 한 리듬에 맞춰 달린다. 그러다 보면 앞 사람을 발로 차기도 하고 걷어차이기도 한다. 앞사람 페이스가 빨라지면 내 페이스를 잃기도 하고 혹은 너무 느려져서 추월해야 하는 여러 변수가 생긴다. 일부러 다른 사람을 힘들게 하려고 그러는 것이 아니다. 나 또한 뒤에서 누가 나를 발로 차도 이해가 된다. 인생의 희로애락처럼 달리는 길 위에서 수많은 해프닝이 일어나고 또 금방 잊어버린다.

회사에서 일하면서 사람들이 나를 어떻게 평가할까? 뒤에서 나를 어떻게 바라볼까? 업무보다 사람들의 시선과 말 한마

디에 신경이 쓰인다. 확실히 달리기보다는 직장에서 좀 더 영향을 받을 수 있다. 취미로 하는 달리기는 생업에 관련된 것만큼 이해관계가 엮이지 않아서 하나의 에피소드로 지나갈 수 있다. 마음에 오래 남거나 향후 관계에 크게 영향을 미칠 일이 없는 편이다.

그런데 직장에서도 내가 생각하는 것만큼 다른 사람들이 나에게 관심을 가지거나 염두에 두지 않는다. 우리 각자 삶의 무게가 무겁고 하루하루 회사 일과 가정을 돌보는 일, 그 밖의 다른 사정으로 몸과 마음이 바빠서 다른 이에게 신경 쓸 겨를이 없다. '저 사람이 정말 나한테 그런 마음을 품고 있을까?' 스스로에게 질문하고 답해봐야 한다.

"수진 씨, 어떤 증상이 좋아졌으면 좋겠나요?"

"선생님, 저는 안테나가 좀 꺼졌으면 좋겠어요. 주변 사람들에게 안테나를 켜 놓고 있는 느낌이에요. 사람들이 나를 어떻게 볼까, 나에 대해 뭐라고 하나 신경이 쓰여요. 저는 사람들의 평가에 영향을 많이 받는 것 같아요. 나에게 뭐라고 할까 늘 조심해요. 그리고 사람들이 저에게 한 말을 곱씹어요. 잘

했다고 칭찬하면 기분이 좋고 부정적인 말을 들으면 우울하고 자신감이 없어져요."

누군가 지켜보고 있다는 생각은 '평가받는 나', '보여지고 있는 나'에 대해 마음을 쓰게 한다. 나 역시 원고를 쓰면서 독자들에게 '보여지게 될 나'를 의식하며 좀 더 그럴듯한 모습으로 보이려고 애쓰는 걸 보고 있다. 괜찮게 보이려고 솔직한 표현을 아끼거나 혹은 설명을 덧붙이려고 하는 모습을 자주 관찰했다.

새벽에 운동장에서 혼자 달리고 있다가 누군가 오면 나도 모르게 달리는 자세를 가다듬으며 페이스가 빨라진다. 집 근처 공원에서 달리다가 옆에 산책하는 할머니 할아버지만 계셔도 혼자 달릴 때에 비해 시선을 의식한다. 이분들은 나에 대해 관심이 없을 확률이 높을뿐더러 어떤 자세가 잘 달리는 건지, 달리는 속도가 어떤지 별로 마음 쓰지 않을 텐데 말이다.

우리는 보통 칭찬은 바라고 비판과 비평은 피하고 싶다. 다른 사람들에게 쓸모 있고 인정받는 사람이 되려고 늘 애쓰며 지낸다. 칭찬을 받으면 안심되고 기분이 좋다. 반면에 부족하다는 평을 들으면 긴장하게 되고 불안감이 몰려온다.

오랜 세월을 두고 인간은 생존을 위해서 무리에 속해 있어야 했다. 연약한 인간 홀로는 대자연의 변화무쌍함과 야생 포식자들에게서 살아남을 수 없었다. 생존을 도모하려면 무리에 속해야 했고, 그러려면 무리에 쓸모 있는 존재가 되어야 했다.

무리에서 인정받는다는 것은 생존 확률이 높아지는 것이므로 누군가에게 칭찬을 듣는 것은 궁극적으로 생존이 안녕해지는 것과 연결된다. 다른 사람의 평가에 마음이 쓰이고 비난을 피하고 싶은 것은 자연스러운 본능적인 반응이다.

다른 사람들의 칭찬에 기분 좋고 부정적인 평가에 심란해지는 것은 당연한 일이다. 칭찬받고 싶고 비난받기 싫은 것을 스스로 인정하자. 나뿐 아니라 모든 사람이 그렇다. 그리고 칭찬이든 비난이든 일순간이고 지나간다는 것을 항상 기억하자.

"2주 동안 바로 진행해야 할 업무량이 많았어요. 그러다 보니 부장님의 압박도 커서 많이 시달렸어요. 그렇지만 이전처럼 가슴이 두근거리고 불안해지는 건 없었어요. 이전에는 일이 잘 안되면 '나는 이것밖에 안되나 보다' 스스로를 나무라면서 더 힘들었거든요.

부장님이 "자네는 이런 걸 못해서 문제야"라고 자주 이야기 하시거든요. 그런데 이제는 "넌 이런 걸 못한다. 네가 이래서 문제다"라는 말을 들어도 괜찮아요. 이전 같았으면 휘둘리고 자책도 많이 하며 힘들었을 것 같은데, 어느 정도 맞설 수 있는 내공이 생긴 것 같아요."

"많이 좋아지셨어요."

"왜냐하면 제가 알거든요. 저는 최선을 다해서 일하고 있어요. 요즘에는 바빠서 점심 먹으러 나갈 때 빼고는 12시간씩 꼼짝 않고 업무에 몰두하고 있어요. 내가 잘하고 있는 것을 알고 인정하고 있어요. 이렇게 하는데도 부장님이 생각할 때 또는 회사 입장에서 제가 부족하다면 떠나는 게 맞는 거겠죠. 하지만 우선은 나에게 주어진 일을 하자고 마음먹고 있어요."

"어떻게 해서 이전과 달라지셨나요?"

"이전에는 업무가 주어지면 완벽하게 해내야 한다는 생각에서 벗어나지 못했어요. 지금은 내가 다 할 수 없다는 걸 인지하고, 부족한 점도 받아들이고 있어요. 먼저 나 자신에게 너그럽게 대하니, 집에 가서도 아내나 아이들에게도 너그러워졌어요. 후배 직원들에 대해서도 이해하고 받아들여지는 게 많아졌어요. 이전에는 나 자신에게 완벽을 기하려고 했던 것처럼 다른 사람들에게도 그러기를 바라는 점이 많았거든요."

스스로에 대해 제대로 평가하고 점수를 매길 수 있는 주체는 나 자신이다. 왜냐하면 나의 역량과 처한 상황을 제일 잘 알기 때문이다.

충분히 잘 해내고 있는데도 스스로 '잘하고 있다' 생각하지 못하면 주변에서 '잘한다'고 해도 믿기지 않는다. 기분 좋으라고 혹은 뭘 잘 몰라서 하는 말처럼 들린다. 나에 대한 평가는 내가 해야 한다.

"나는 지금도 충분히 잘하고 있다."

만 명의 사람이 있으면
만 가지 달리는 모습이 있다

소나무 몸통이 울퉁불퉁하고 이리저리 휘어져 있어도 볼품없다 하지 않는다. 이리저리 휘고 굽은 나무 각각 아름답고 고유하기 때문이다. '나는 왜 저 여자만큼 예쁘지 않을까?', '키가 더 크다면 좋았을 텐데', '내 코는 왜 이렇게 낮지?', '뽀얀 피부였다면 좋았을 텐데', '나는 왜 한 번에 알아듣고 기억하지 못할까?' 나의 생김새와 능력을 다른 사람과 비교해서 스스로 열등감을 느낀다.

달리기를 할 때도 나와 다른 사람을 비교하게 된다. 속도,

기록, 자세, 타고난 체력과 리듬감, 유연성, 지구력 등. 내가 달리는 것보다 다른 사람이 더 빠르고 가볍게 달리는 모습을 보면 멋있고 부럽다.

마라톤 대회에 나가면 각양각색의 달리는 자세를 구경할 수 있다. 엘리트 선수들의 우아하고 날쌘 모습부터 아기 새처럼 종종 뛰는 사람, 한쪽으로 몸이 치우쳐서 기우뚱한 자세로 뛰는 사람, 겅중겅중 큰 보폭으로 달리는 사람, 양팔을 차렷 자세로 내리고 통통통 뛰는 사람, 권투에서 잽을 날리듯 양 주먹을 날리면서 뛰는 사람 등. 만 명의 사람이 있으면 만 가지 달리는 모습이 있다.

달리기를 처음 시작했을 때는 무작정 달렸다. 달리기를 지속하다 보니, 좀 더 잘 달리고 싶고 기록도 단축하고 싶은 마음이 생겼다. 그러다 보니 자연스럽게 나의 달리는 자세에 부족한 점들이 보이기 시작했다.

나는 척추 문제로 인한 좌우 불균형으로 팔이 앞뒤로 크게 흔들린다. 다른 주자들에 비해서 달리는 모양이 뭔가 어색하고 어설퍼 보였다. 그룹 훈련에서 보는 다른 러너들처럼 가볍고 탄력 있게 뛰고 싶었다. 지도자에게 레슨도 받고 영상으로 독학도 하면서 다양한 방법으로 교정하려고 노력한 덕분에 처음보다는 좀 더 간결하게 뛰게 되었다. 그렇지만 근본적인 신체적 조건으로 인한 문제가 나아지는 데 한계가 있었다.

자세가 완벽하지 않다고 해서 달리기를 못하는 것은 아니다. 나는 수많은 러너 중의 한 명이고 나는 나로서 고유하다. 타고난 신체적 조건과 10년이 넘게 달리는 동안 몸에 깃든 고유한 특징들을 바탕으로 나만의 자세를 구사하고 있다. 이것으로 충분하고 만족스럽다.

아모르파티!
자신을 사랑하기

살아가면서 가장 큰 보상과 확실한 기쁨은 스스로를 인정하고 사랑하는 것이라 생각한다. 많은 이들이 자기를 사랑할 줄 모른다. 스스로를 미워하고 못마땅하게 여긴다. '나'를 믿지 못하고 '내'가 불만족스럽다.

"왜 나는 이것밖에 안 되지?"

"아, 도대체 왜 만날 나만 이래!"

"나는 뭐 하나 잘하는 게 없네."

자신을 미워하고 불신한다. 자신을 사랑하지 못한다. 자신을 사랑한다는 개념은 나르시시즘narcissism과는 다르다. 나르시시즘이 나를 둘러싼 주변 상황이나 다른 사람들에 대한 이해 없이 자신만 생각하는 것이라면, 스스로를 사랑한다는 것은 자기를 믿고 긍정하며 스스로에 대해 감사하는 개념이다.

"육아휴직 동안 과거의 나를 돌아볼 수 있었어요. 내가 많이 소극적이고 위축되어 있었단 걸 깨닫는 계기가 되었지요. 그동안 아내에게 당신은 거절하는 법을 모른다는 말을 많이 들었어요. 회사에서든 친구들에게든 그냥 '네'라고 대답했어요. 나름 좋은 게 좋은 거라 생각했는데 결과적으로 제가 아프게 된 이유가 된 것 같아요. 이제는 나를 중심으로 생각하고 살아보려고 해요."

"네. 그런데 수철 씨가 생각하는 나 중심으로 산다는 어떤 걸 의미하나요? 또 어떻게 해야 나 중심으로 생각하고 살 수 있을까요?"

"방법은 잘 모르겠어요. 우선 부딪쳐 봐야겠는데요? 그냥 무조건 참는 게 아니라 상황을 공유하고 대화해 보려고 해요."

나를 중심으로 산다는 것은 어떤 것일까?

주체적으로 사는 일은 나만 위하는, 소위 말해서 '이기적이다'라고 표현되는 것과 다른 개념이다. 나를 이해하고 스스로를 위하는 것은 내가 속한 관계 안에서 가능하다. 나를 둘러싼 전체 환경 가운데 나를 자유롭게 운영하는 것이다.

주체적으로 생각해 결정하고 행동하려면 전체 가운데 일부분인 나만 알아서는 불가능하다. 주체적으로 산다는 것은 '나만 생각할 거야. 다른 사람 입장은 나는 모르겠어'가 아니다. 나와 유기적으로 연결된 전체를 보고 그 가운데 부분적인 나를 인지해야 한다. 그리고 전체 안에서 필요에 따라 상대에게 나의 상황을 이해시키는 노력이 필요하다. 내가 원하는 바를 실현하려면 결국 전체의 도움을 받아야 가능하기 때문이다.

PART 2

마음의 근력 키우기

마라톤 하는 정신건강의학과 의사

진료실 한쪽에 있는 의료진 소개란에 진료 경력과 마라톤 완주 기록을 함께 소개한다. 진료실을 찾기까지 많은 고민을 했을 환자들에게 낯섦보다는 안정감을 주고 의사에 대한 신뢰를 주고 싶었다. 가끔은 진료 경력이나 치료자 자격, 연구 업적과 학회 활동보다 '마라톤 경력'이 더 주목되기도 한다.

2012년 가을 처음 마라톤을 완주한 이후로 매년 풀코스 마라톤을 3~4회 이상 참가한다. 하프코스 마라톤 대회와 10km 대회도 참가하며 달리기를 지속해 오고 있다. 매일 달리고 있어서 특별하다고 여기지 않았었는데 풀코스 마라톤을 50회 이상 완주하는 동안 어느새 나는 '달리기하는 의사', '마라톤 하는 정신건강의학과 의사'가 되었다.

오랜만에 친구, 가족, 선후배 등을 만나면 "여전히 달리고 있고?", "마라톤 잘 하고 있지?", "이번엔 어디 뛰었어?" 하고 인사를 받는다. 나에 대해 말하려고 하면 달리기를 말하는 것이 어쩐지 자연스럽게 되었다.

그럴 만도 한 것이 마라톤을 시작한 지 어느덧 12년 차에 이르렀다. 그 시간만큼 나의 달리기가 주변 사람들에게 미치는 영향이 꽤 있다. 진료실을 찾았던 많은 분이 달리기나 운동을 치료와 병행하면서 자신감을 찾고 있다. 다시 시작할 수 있다는 믿음을 회복하는 것을 보게 된다.

> "교수님 저 요즘 달리기 시작했어요. 밤에 경의선 길을 달렸는데 기분이 참 좋더라고요."

명기 씨는 퇴근 후 달리기를 하면서 체중을 감량하고 건강과 외모에 대한 자신감을 되찾았다. 우울감과 무기력감이 개선되어 항우울증 약을 중단한 지도 벌써 3개월째다.

"교수님 말씀대로 일주일에 세 번은 숨차고 심박이 빨라질 정도로 달리고 있어요. 그래서인지 요즘에는 가슴이 쿵 하고 내려앉는 느낌은 안 들어요."

준엽 씨는 달리기를 꾸준히 하면서 공황 증상이 호전되어 약도 4분의 1로 줄였다. 곧 이마저도 중단해도 될 것 같다.

"아침에 일어나기 힘들 때 선생님이 옆에서 말하는 것 같아요. '일어나세요. 고민하지 말고 그냥 시작하는 거예요'라고요. 새벽에 운동을 시작한 지 2주 정도 되었어요. 컨디션이 좋아요."

수연 씨는 해마다 한 번씩은 찾아오는 감정 기복으로 어려움이 정말 많았다. 바쁜 일상에서도 새벽 운동으로 스스로 컨디션을 조절하려고 노력하는 수연 씨가 대견스럽다.

마라톤을 한다고 하면 보통 주위에서 대단하다고 여기는 부분이 있다. 42.195km를 끝까지 완주하는 인내심과 끈기 있는 체력을 남다르게 보는 것 같다. 무엇보다 정신과 의사가 마라톤을 한다고 하면 정신력이나 이해심, 통찰력, 특별한 무엇이 있지 않을까? 하고 궁금할 수도 있을 것 같다. 마라톤 훈련을 함께하는 사람들도 "정신과 의사는 정신력이 더 좋아요?", "멘탈을 강화하려면 어떻게 해야 하나요?" 묻기도 한다.

병원에 취직하려고 원장단 면접을 볼 때의 일이다.

"가서 일할 곳이 만만치 않은 곳이에요. 까다롭고 힘든 분들을 많이 만날텐데 잘 하실 수 있겠습니까?"

건강의학부원장님의 질문이었다. 대답하려는데 병원장님이 먼저 말을 꺼내셨다.

"매일 10~15km씩 달리기를 해내는 분이잖아요. 아침에 운동하는 게 얼마나 힘들어요. 100m만 뛰어도 숨이 차잖아요."

원장님은 내가 여러 마라톤 대회를 완주하고, 아침마다 달리기하는 것을 통해 내 안에 잠재된 인내심과 지구력을 보고 평가를 마치신 것 같았다.

마라톤은 신체 능력도 준비되어야 하지만 인내심과 지구력이 바탕이 되어야 완주할 수 있다. 멈추지 않고 42.195km를 달릴 수 있는 것은 사람이 가지는 정신적인 힘 덕분이다. 하물며 동물도 사냥감을 쫓거나 포식자를 피한다 해도 2~3시간

동안 쉬지 않고 달리는 일은 거의 없다.

참고 이겨내는 것은 마라톤을 달리는 중에도 필요하지만 한 번의 대회를 달리기 위해서 훈련하는 매일매일의 삶 가운데에서도 항상 필요하다. 편해지려고 하는 욕구를 이겨내는 생활이 늘 바탕이 되어야 가능하다. 달리기를 하기 위해서는 일부러 시간을 내야 한다. 눕고 싶은 것을 이겨내 운동하고, 먹고 싶은 것을 참아가며 체중을 조절해야 한다. 일찍 잠자리에 들어 휴식을 취하고, 필요한 훈련량을 차곡차곡 쌓아가는 일도 필요하다. 그렇게 해도 대회 당일 42.195km를 부상 없이 완주하기란 쉬운 일이 아니다. 달리기 외에도 스트레칭과 근육 운동도 반드시 겸해야 한다. 그러려면 매 순간 스스로를 관찰하고 이해하며 마음을 경영해야 한다.

주로 새벽 5시에서 6시 30분 사이 달린다. 새벽 4시에 기상하는데 매일 '오늘은 쉴까? 조금 더 잘까?' 하는 마음과 싸워서 이겨야 한다. 42.195km를 쉬지 않고 달리는 마라토너에게도 체감상 가장 먼 거리는 침대에서 운동장까지인 것 같다. 달리기를 할 때 방 밖을 나오는 게 가장 높은 허들이다.

아침 운동을 하기로 마음먹고 잠자리에 들었다가도 막상

아침이 되면 '오늘은 저녁에 하지 뭐', '내일부터 하자', '지금은 좀 더 자자' 계획이나 다짐이 수시로 바뀐 경험은 누구나 있을 것이다. 아침에 달리기를 하려면, 피곤한 몸을 일으키고 졸린 뇌를 깨워서 복장을 갖춰 입고 유혹을 뿌리쳐 문밖을 나서야 한다.

그런데 편해지려고 하는 욕구를 이겨내는 생활은 마라톤에만 필요한 것은 아니다. 참고 인내하는 것은 모든 영역에서 필요하다. 가정에서나 직장, 부부관계, 부모와 자녀 관계, 모든 사람과의 관계에서 우리 누구나 절제와 인내심이 필요하다.

때에 따라 내가 옳다고 생각하는 것을 주장하거나 당장 감정을 표현하고 싶은 마음을 참아야 한다. 나의 입장을 상대방에게 이해시키기 위해 대화할 때도 기다림이 필요하다.

부부가 함께 산책하려고 외출하기 위해서는 서로를 기다려야 한다. 가족이 함께 식사하기 위해서는 잠시 배고픔은 참고 시간을 맞춰야 한다. 인내하고 기다리며 서로를 이해하는 것은 가정, 직장, 친구 등 어디에서나 필요하다. 이러한 인내심은 사람 사이를 유연하고 편안하게 유지하는 바탕이 된다.

새댁,
그러다 죽어!

7년 전, 안동 대학교 운동장 트랙에서 달리고 있었는데 큰 목소리로 누군가 외쳤다.

"새댁, 그러다 죽어!"

'나한테 하는 말씀이신가?'

트랙 맨 바깥 라인을 걷던 한 할머니가 내게 외치고 있었다. 내가 달리는 모습을 지켜보며 걱정이 되었나? 숨이 차서 헉헉거리면서도 달리기를 멈추지 않고 트랙을 계속 뱅글뱅글 돌고 있었으니 그럴 수도 있다. 나름 스피드 훈련을 한다고 숨이 턱에 닿도록 달리고 있었다.

"새댁. 그만 뛰어! 그러다 죽어!" 할머니는 한 번 더 외친다. 어쩌지 싶었지만 "저 괜찮아요!"라고 큰 목소리로 할머니를 향해 외치고는 그날 계획했던 나머지 훈련을 이어나갔다.

마라톤을 접해본 적이 없는 사람들이라면 몸을 과도하게 혹사하는 운동이라고 생각할 수 있다. 평범한 운동으로 생각되기 어려운 종목이기도 하다. 마라톤 훈련 과정은 빠르게 오랫동안 달리는 상대적으로 강도 있는 운동이기 때문이다.

마라톤 풀코스 42.195km를 무리 없이 완주하기 위해서는 평균적으로 3개월의 훈련 과정을 거친다. 그럼 한 달을 기준으로 달린 누적 거리가 최소 250km에서 많을 때는 400km가 된다. 나도 평상시 달리기를 할 때는 하루 5km에서 많이 달리면 10km를 달리지만, 마라톤 훈련을 할 때는 15km 내외의 거리를 거의 매일 소화한다. 장거리 훈련으로는 한 번에 30~40km를 달린다.

어느 날 갑자기 5km에서 15km로 달리는 거리를 늘리는 것은 아니다. 매일 달리기와 체력을 보강하는 운동을 지속하면서 자연스럽게 거리를 늘려 나간다. 그렇게 하다 보면 42.195km를 쉬지 않고 달릴 수 있는 체력과 힘든 것을 참고 이겨내는 끈기가 갖추어진다.

내 페이스대로 이끄는 힘

5분 동안 1km를 달리는 속도를 일정하게 유지해서 10km를 50분 동안 달리면 균일한 페이스로 달린다고 할 수 있다. 그렇지만 균일한 페이스로 달리는 것만으로는 완급 조절을 잘한다고 하지는 않는다. 완급 조절을 잘한다는 의미는 주어진 환경에 맞추어 내 몸과 마음의 컨디션을 조절하는 것이다. 상황에 맞게 달리는 속도를 낮추었다가 높였다가 조율하며 에너지 소비를 효율적으로 오래 가져간다는 뜻이기도 하다.

완급 조절을 잘하려면 첫 번째, 나의 능력과 특징을 잘 알고, 순간순간 현재의 컨디션을 읽고 판단해야 한다.

자신이 오르막 달리기를 잘 하는지, 내리막에 자신 있는지, 스피드가 장점인지, 지구력이 좋은지, 더위에는 어떻게 반응하는지 등 장단점을 파악하고 있으면 좋다.

마라톤은 속도를 올렸다 내렸다 하는 것보다는 고른 페이스로 전체 거리를 달리는 게 기록이 더 잘 나온다. 일정한 페이스로 달릴 때 신체와 뇌가 사용하는 에너지 소비가 줄어들기 때문이다. 현재 달리고 있는 페이스를 얼마나 유지할 수 있는지 냉철하게 분석하고 판단해야 한다. 10km, 하프, 혹은 30km 이상의 거리에 따른 나의 달리기 능력을 알고 있으면 내가 어떤 속도로 뛰어야 할지 결정하고 조정할 수 있다.

10km를 일정하게 유지할 수 있는 페이스와 하프코스 거리를 유지할 수 있는 페이스, 40km 이상 유지할 수 있는 페이스는 다르다. 그런데 속도를 일정하게 유지해서 달린다는 것이 생각보다 쉽지 않다.

마라톤 레이스를 처음 시작할 때 페이스가 버겁고 숨차더라도 5km쯤 지나면 호흡이 트이면서 페이스가 익숙해 진다. 15km쯤 지나면 몸이 풀리고 심박수도 괜찮아져 자신감이 생긴다. 그러면 좀 할 만하다고 생각되어 속도를 올리고 싶은 욕심이 생긴다. 그렇지만 이때 자신의 역량보다 높게 올리면 30~35km를 지날 때 페이스가 급격하게 꺾인다. 이를 오버 페이스라고도 부른다. 젖산이 쌓이고 몸이 무거워지면서 호흡이 가빠진다. 때로는 관절과 근육의 누적된 충격으로 아픈 곳이 생겨서 멈추게 되기도 한다.

자신의 신체적 능력 외에도 심리적 특성을 알고 있으면 큰 도움이 된다. 예를 들어 주변 상황에 쉽게 영향을 받는 사람이라면 마인드 컨트롤도 신경 써야 한다. 달리다 보면 나보다 빠른 페이스의 그룹이 지나갈 때 발걸음 소리와 리듬에 반응하여 나도 모르게 저절로 속도가 빨라지기도 한다. 경쟁 상대인 러너가 추월해 갈 때는 '어라, 내가 뒤처지면 안 되는데' 조바심이 일어 반사적으로 속도를 높이기도 한다.

그러다 보면 내 수준에 맞는 에너지 소비 분배가 흐트러져 계획보다 빠르게 에너지가 고갈된다. 후반 30km 이후 페이스가 급격하게 떨어져 완주 기록이 예상보다 많이 늦어지기도 한다. 때로는 에너지 고갈이 심하고 심리적으로도 너무 힘들어서 아예 완주를 포기하는 경우도 있다.

두 번째, 나를 둘러싼 주변 상황을 인지하고 이해해야 한다.

마라톤은 인간의 한계에 도전하는 종목 중 하나다. 일정한 속도를 유지하며 전체를 볼 수 있다면 좋은 기록으로 무사히 완주할 수 있다. 레이스 코스에는 평지도 있고 언덕도 있고 내리막도 있다. 또는 코너링을 해야 하는 구간과 유턴을 해야 하는 구간도 있다.

출발해서 결승선에 도달하기까지 대략적인 경로와 지형의 변화만 알고 있어도 예상되는 상황을 미리 준비하고 대응할 수 있으며, 경기 운영을 끝까지 주도적으로 이끌어 갈 수 있다. 그래서 처음 달리는 코스보다 몇 번 달려본 코스가 유리한 점이 있다. 당황하지 않고 자신의 달리기 페이스로 마라톤 운영을 잘할 수 있는 노하우가 생기기 때문이다.

달리는 동안 날씨나 온도의 변화도 무시할 수 없는 요소다. 바람이 마주 불기도 하고 뒤에서 오는 바람이 밀어주기도 한다. 갑자기 소나기가 퍼붓다가 햇볕이 쨍쨍 내리쬐기도 한다.

세 번째, 예측하지 못했던 돌발 상황에도 유연하게 대응할 수 있어야 한다.

12년 넘게 수십 번 달리기 대회에 참가하면서 다양한 에피소드를 경험했다. 앞 주자가 갑자기 멈춰서는 바람에 같이 급하게 멈추다가 넘어질 뻔하거나, 길을 건너려는 보행자나 자전거를 탄 사람이 주로로 끼어들어 아찔한 순간도 있다.

달리다가 돌풍이 불어 모자가 날아가거나 벌에 쏘이기도 하고, 하루살이가 눈에 들어가서 곤란해질 때도 있다. 도로 표지석에 부딪치거나, 노면이 움푹 팬 곳에 발이 빠져 균형이 흐트러지기도 한다. 트레일러닝 중에 돌부리에 걸려 넘어져 크게 다친 적도 있다. 대회 중 1초가 아쉬울 때 급수대에서 물을 마시려고 재빨리 집었는데 빈 컵일 때는 힘이 빠진다. 대회 코스를 벗어나서 한참을 다른 길로 잘못 갔다가 되돌아와야 할 때는 중도에 포기하고 싶어지기도 한다. 달리다가 화장실에 가고 싶어진 에피소드는 러너라면 누구나 있을 것이다.

2024년 3월 17일 동아일보사에서 주최하는 서울 국제 마라톤 대회를 참가했다. 코로나 시기 2020년과 2021년 두 해를 제외하고 2013년부터 매년 풀코스 마라톤을 신청해서 달렸다. 10번째 서울 국제 마라톤 참가였다.

처음 참가할 때는 광화문에서 출발해서 잠실 종합운동장에서 마친다는 것만 인지하고 나머지 코스는 숙지하지 않고 달렸다. 달리고 나서 청계천, 종로, 신답지하차도, 자양동 신양초교 사거리, 잠실대교, 종합운동장 사거리 등 일부 기억나는 건 있어도 서울의 어디를 어떻게 달렸는지 인지하지 못했다.

그러다가 2016년부터는 대회를 며칠 앞두고서라도 주최측에서 제공하는 코스 지도를 제대로 보기 시작했다. 2019년 대회에서는 전체 코스가 머릿속에 그려져 있고, 또 내가 어디쯤에서 물을 마시고 에너지젤을 보급할지도 미리 생각했다. 광화문에서 잠실 종합운동장에 이르는 42.195km의 전체 무대 위에 등장인물이 되어 달리는 것을 연출자의 시선으로 지켜보는 느낌이었다. 25km 구간을 통과하고 있으면 지나온 25km를 어떻게 달려왔는지 생생히 기억되었다. 남은 17km는 어떤 구간이 남았는지 보였다. 달리면서 줄어드는 거리가 순식간일 만큼 짧게 느껴졌다.

지금은 어떤 대회를 참가하든 지도를 미리 보면서 주인공이 되어 달릴 무대를 상상한다. 무대 크기는 어떤지, 어디에 어떤 소품이 있는지, 그리고 어떤 순서로 무대 위에서 배역에 맡게 연기할지 그려본다. 그러나 늘 변수는 존재하기에 유연하게 대응할 마음의 준비도 한다.

시간을 거슬러서 인생을 다시 살 수는 없지만 마라톤 대회는 같은 주로를 다시 달릴 수 있다. 이전의 실수도 만회할 수 있고, 지난번보다 향상된 모습으로 레이스를 풀어낼 수 있다. 나의 의지로 다시 시작해서 나의 힘으로 끝낼 수 있다.

나를 향한 용기와 믿음

나는 여러 가지 이유로 스피드가 빠른 러너는 아니다. 척추측만으로 도약이 잘 안 되고, 좌우 불균형의 문제로 착지가 불안정하다. 폐 기능이 낮아 달릴 때 호흡이 버거운 편이기도 하다.

마라톤에서 3시간 10분 이내 기록을 가지고 있는 러너는 보통 10km를 40분대로 달릴 수 있는 기량을 가지고 있다. 반면에 나는 10km를 43~44분대로 달리는 버거운 기량이지만, 3시간 7분 30초의 싱글 기록을 세우며 2024년 3월 서울 마라톤을 완주했다.

2017년 춘천 마라톤을 3시간 28분 9초에 완주했을 때도 10km 대회 기록이 45분 이내로 나온 기록이 없었다. 보통 풀코스 마라톤을 3시간 30분 이내에 달리는 3:30 러너들은 10km 대회 기록이 45분 이내로 나온다.

나는 달릴 때 속도를 더 내려고 해도 그 범위가 제한적이라 큰 변화가 없다. 운동장에서 그룹으로 스피드 훈련을 할 때면 메인 훈련 전에 웜업 조깅을 하고 100m 질주를 한다. 다른 사람들과 같이 출발하지만 20~30m쯤 뒤처진다. 다른 사람들이 100m 20초 이내 기록이 나올 때 나는 23~24초가 나온다.

나는 대신 지구력이 좋고 힘든 것을 참아내는 방법을 알고 있다. 스스로 관찰하고 격려하는 힘이 있다. 달릴 때 내가 어떤 자세로 뛰고 어떤 생각을 하고 느낌이 어떤지 보고 있다. 또한 이렇게 나를 관찰하고 있는 의식을 지속해서 보고 있다. 그러면 힘든 고비가 있어도 포기하지 않게 된다.

'지금까지 훈련해 온 나를 믿자' 하고 스스로 격려할 수 있다. 2019년 3월 서울 국제 마라톤 대회에 참가할 때 배번 뒷면에 스승님께서 써 주신 문구다. 스스로에 대한 인정과 자기 확신으로 포기하지 않을 수 있다. 이것이 기량을 최대치로 끌어올릴 수 있는 나의 완급 조절 방법이다.

2018년 12월 겨울에 시작해 2019년 3월 봄에 이르기까지 하루도 빠지지 않고 서울 국제 마라톤 대회를 목표로 훈련했다. 물론 강도를 조절하며 훈련했고 휴식을 취하는 날도 포함되어 있다.

잠실대교를 건너 피니시를 2km 정도 남겨두었을 때 모든 에너지가 고갈되어 달려오던 속도를 유지하기 힘들겠다는 느낌이 들었다. 이제 어떻게 해야 하나 싶었을 때 오픈케어에서 만난 나래가 어디선가 나타나 "잘하고 있어요. 이제 얼마 안 남았어요"라고 말해 주었다.

'지금까지 훈련해 온 나를 믿자' 배번 뒷면 문구가 생각났다. 글귀에 담긴 느낌과 에너지가 솟아오르며 충전되는 느낌이 들었다. 전체 게이지가 0에서 10이라고 하면, 1에 머무르다 9까지 훅 올라오는 듯했다.

이제 뭘 더 어떻게 해야 하나 고갈된 느낌에서 '하자!' 하면서 의식이 전환되는 순간과 몰입된 느낌을 지금도 기억한다. 굉장히 숨이 찼지만 힘차게 내달리는 데 망설임이나 거리낌이 없었다. 손목시계를 한 번 보고는 한 발 한 발 최선으로 도약과 착지를 이어나갔다. 잠실 종합운동장 주경기장 입구로 들어가면서 트랙을 밟자마자 피니시 라인을 향해 바람처럼 몸을 날렸다. 개인 최고 기록 3시간 28분 9초를 갱신해서 3시간 19분 37초로 피니시 라인을 밟을 수 있었다. 지금까지 훈련해 온 나를 제대로 확인하는 순간이었다.

나는 나를 안다.

그리고 이해한다.

그러면 스스로를 믿을 수 있다.

나를 알고 믿는 것만큼 힘이 되는 것은 없다.

힘든 건 싫어!

나는 달리면서 '해보자', '하리라', '할 수 있다' 말하며 스스로를 독려한다. 그런데 이 문구를 말로 내뱉어 보면 마음에 와 닿는 느낌이 조금씩 다르다.

나의 경우 '해보자!'는 말이 나오는 순간은 믿음이 있을 때다. 지금 좀 힘든 훈련인 건 맞지만 이전에도 경험했고 해냈다. 힘은 들겠지만 마음을 먹는다면 오늘도 충분히 할 수 있고 해낼 수 있다. 그럴 때 '해보자'라고 외친다. '하리라!'는 도전할 때 외친다. '할 수 있다'는 믿음이 확실하게 오진 않지만, 한번 부딪혀서 마주해 보자는 마음으로 용기를 낼 수 있다.

지난겨울, 3월에 있을 동아일보 주최 서울 국제 마라톤을 대비하여 싱글 그룹에서 훈련할 때였다. 30분 가볍게 달리며 몸을 풀고 나서 km당 4분 40초 페이스로 5,000m, 4분 35초 페이스로 5,000m, 4분 20초 페이스로 5,000m 총 15,000m를 달렸다.

숨이 차고 힘든 느낌이 생기면 '할 수 있을까? 지속할 수 있을까?' 하는 의구심이 올라온다. 지금 숨차고 힘든 느낌이 영영 이어질까 봐 한순간에 그만두고 싶다. 이럴 때는 '해보자' 하고 스스로 격려하면 당장 멈춰야 할 것 같던 느낌이 지나간다. 이렇게 고비를 버텨내고 나면 이후로는 숨차고 힘든 것도 한결 수월해 진다.

속도를 4분 20초 페이스로 올리면 첫 바퀴 때부터 숨이 찬다. 다시 '해보자'라고 되뇌며 마음을 먹으면 3바퀴째에는 고비가 지나간다. 그렇지만 5바퀴, 6바퀴째에 다시 힘이 빠지면서 속도가 살짝 느려진다. 함께 달리고 있는 주자와 두세 발자국 차이가 나려고 한다. 한 번 더 '해보자' 말하며 다시 간격을 줄이며 달린다. 이렇게 무사히 훈련을 마무리했다. 앞으로 이날의 훈련 강도로 달릴 수 있고 그 이상의 강도도 도전해 볼 수 있겠다는 믿음이 생겼다.

“해보자.”, “하리라.”, “하자.”, “할 수 있다.”

이렇게 소리를 내어 말로 선언하면 내 음성이 귀로 들어가 마음에 울림이 있다. 말의 파동이 소리 에너지로 마음에 전달되고, 뇌에서 다시 한 번 인식되는 효과 때문이다.

나를 안다는 것은 과거와 현재, 그리고 앞으로의 나를 이해하는 일이다. 내가 아는 어제의 나를 바탕으로 오늘 내가 도전할 수 있는 것을 안다. 그리고 앞으로 내가 어떻게 해나갈 수 있는지 스스로 믿고 격려하며 힘을 낼 수 있다.

조급해지는 마음 다스리기

마라톤 대회를 나갈 때 보통 3개월 정도 훈련을 한다. 그리고 대회를 앞두고는 훈련량을 차츰 줄여 나간다. 대회 2주 전부터는 달리는 거리와 강도를 절반가량 줄여서 기량을 최상으로 끌어올린다.

운동 시간이 줄면서 자연스럽게 여유 시간이 생기기 마련이다. 현대인의 뇌는 가만히 있는 것에 익숙하지 않고 자극이 없는 상태가 생소하다. '뭐 할 거 없나?' 하면서 새로운 자극원을 찾는다. 쇼핑을 하고, 다음 마라톤 대회 일정을 검색하고, SNS로 지인들의 근황을 보기도 한다. 또는 등산이나 수영 등 다른 운동을 하면서 시간을 보내기도 한다.

세상에서 가장 어려운 일이 무엇일까? '아무것도 하지 않고 가만히 있기'가 가장 어렵다. 시골에 계신 부모님께 "올해는 고구마도 깨도 심지 마세요. 제발 아무것도 하지 마시고 좀 쉬세요"라며 자식들이 당부한다. 세상에서 제일 어려운 부탁이다. 눈앞에 보이는 빈 땅과 일거리가 있는데, 모종을 심고 길러 수확하고 싶은 마음을 어떻게 제어할 수 있을까?

달리기 훈련을 하다 보면 달리던 강도를 낮추어서 쌓인 피로를 회복하고 부상을 예방해야 할 때가 있다. 그렇지만 빠르게 달리며 훈련하는 사람들의 모습을 보면 뒤처질 것 같은 불안한 마음이 들어 천천히 달릴 수가 없다.

나는 '뭐 할 거 없나?' 하는 마음을 들여다보며 가만히 있어 보려고 노력한다. 대회를 앞두고 찾아온 여유를 최대한 누리려고 한다. 그럼에도 같은 생각이 이어지면 그러한 마음을 들여다보면서 나를 둘러싼 배경이 넓게 느껴지는 의식의 자리로 돌아오려고 한다.

대회를 앞두고는 1분 아니 10초라도 앞당겨서 최고 기록을 세워보고자 하는 마음에 조급해질 수 있다. 남은 시간은 별로 없고 뭐라도 해보려고 체중을 감량하고, 대회용 신발을 바꾸거나 안 먹던 영양제를 먹기도 한다. 그럴 때일수록 그동안 준비하고 훈련해 온 스스로를 되돌아보고 믿으며 불안함을 다스려야 한다.

의과대학 시절 시험 기간이면 밤늦게까지 다 같이 강의실에 모여 공부했다. 시험에 통과하지 못하면 유급으로 1년을 다시 다녀야 한다. 그렇게 되면 등록금을 또 내야 하고 시간도 다시 들여야 하므로 여러모로 만만치 않은 일이다. 무엇보다 긴장과 불안 속에 또다시 시험을 보는 건 어떻게 해서든 피하고 싶은 마음이 가장 크다.

친구들과 불안을 공유하며 시험공부를 하고 있으면 병리학 교수님이 강의실로 들어오셨다. 우리에게 "이미 다 정해졌어. 지금 한다고 달라질 거 없어. 얼른 집에 가"하시곤 했다.

'공부할 게 얼마나 많이 남았는데 이미 다 정해져 있는 거면 난 떨어지는 건가?', '왜 교수님은 이 시간까지 퇴근하지 않으시지? 늦게까지 기다렸다가 일부러 우리 놀리러 오시나?' 원망스러운 마음이 들곤 했다.

그런데 이제는 그때 교수님이 무엇 때문에 그런 말씀을 하셨는지 이해가 된다. 당시에 시험 전날이면 초조한 마음을 잠재우기 위해서 늦게까지 뭐라도 한 번 더 보고 하나라도 더 외우려고 했다. 그런데 공부를 하고 있긴 했지만 눈으로 보기만 하는 건지 뇌에 입력되고 저장되는지 알 수 없었다.

효율적인 학습을 위해서는 밤새우는 것보다 잠을 자는 게 낫다. 새로운 정보를 뇌에 입력하고 잠을 자는 동안 뇌를 쉬게 해야 암기력과 사고력을 더 오래 유지할 수 있기 때문이다. 아침에 일찍 일어나서 어제 공부한 내용을 다시 떠올리면 오히려 더 잘 기억나고 효과적이다.

의과대학 시절로 다시 돌아간다면 나에게 이야기해 주고 싶다.

"평상시에 강의 들었던 내용을 충분히 이해해서 공부해 두고, 시험 전에는 그동안 공부해 온 자신을 믿자."

대회 1~2주 전이면 마라톤 완주 준비는 이미 다 되어 있다. 3개월 혹은 그 이상 꾸준히 달려왔다. 그동안 꾸준하게 훈련해온 자신을 믿으면 된다. 혹시라도 이번 대회 준비가 부족하다면 상황에 맞추어 레이스를 풀어가면 된다.

세상에 쉽게 가는 길은 없다. 좀 편하게 요령으로 기록을 단축해 보고 싶지만 그동안 훈련한 만큼 결과가 나올 것이다. 내가 지나온 과정을 이해하고 수용하자. 그리고 대회 당일에는 설레는 마음으로 힘듦을 마주해 보자.

자신감을 가지고 여유로운 마음으로 출발선에 선다면 분명 호흡도 안정적일 것이다. 레이스 중 생길 수 있는 변수에도 당황하지 않고 차분하게 대응할 수 있다. 과도한 긴장과 불안은 불필요한 근육 수축과 에너지 소모로 이어지기 마련이다. 대회를 앞두고 가장 중요한 것은 마음의 불필요한 요소를 걷어내고 안정을 유지하는 것이다.

하루의 삶이 기도가 되고 수행이 된다

사찰에서 수행하는 방법으로 가부좌를 틀고 고요히 앉아 수행하는 좌선이 많이 알려져 있다. 그런데 스님들은 마음 수행 방법으로 울력을 빼놓지 않는다. 울력은 풀 뽑기, 청소, 건물 보수, 농사 등 스님들이 절 살림에 필요한 일을 하는 노동 수행이다. 육체노동을 할 때 느끼는 고통과 힘든 것을 의식하며 지켜보는 선禪 수행이다. 또 소림 무술처럼 무술 수련을 하기도 하는데, 고도로 정신을 집중하고 내면을 다스린다. 신체에 느껴지는 고통과 마음의 두려움을 마주하고 극복하여 심신을 수양한다.

봉쇄 수도원에서도 노동은 기도가 된다. 수도원에서는 성직자들이 함께 모여 예배하고 기도하는 시간, 각자의 방에서 묵상하는 시간, 그리고 각자 맡은 일을 하는 노동 시간이 있다. 세상과 단절된 봉쇄 수도원 안에서, 다시 각자 고립된 공간에서 노동을 통해 자신의 마음과 행위를 주시하며 기도한다. 노동은 내면의 기도이자 영적으로 깨어 있는 수단이 된다.

나에게는 달리기가 그렇다. 수행의 한 과정으로 심신을 단련시킨다. 달리기는 기도이자 명상이고, 자신과 깊은 대화를 나눌 수 있는 내면의 통로가 된다.

특수부대에서는 산악 극복 훈련, 해상 침투 훈련 등을 혹독하게 한다. 체력 단련 목적도 있지만 악조건 속에서도 임무를 완벽하게 수행할 수 있는 투철한 정신력과 위기 극복 능력을 갖추는 것이다.

모든 운동에서 최상위 수준에 이르면 신체 단련을 넘어 마음을 다스려야 한다. 결국 신체를 고도로 단련하려면 자신의 한계에 맞닥뜨려 이겨내야 한다. 다음 단계로 성장하기 위해서는 고통과 어려움을 이겨내기로 마음먹어야 한다. 대신 이러한 과정이 힘들기만 한 것은 아니다. 스스로 이겨냈을 때의 기쁨, 희열, 만족감을 경험한다. 그러면 누가 시키지 않아도 기꺼이 어려움을 마주하고 넘어설 수 있는 힘이 생긴다.

직장과 가정에서 또 연인과 친구 관계에서 부딪히는 일들이 내 마음을 성숙하게 하는 수단이 된다면 어떨까?

직장에서는 여러 스트레스가 존재할 수밖에 없다. 영리를 목적으로 움직이는 거대한 회사 조직 안에서 나뿐만 아니라 다른 구성원들 역시 각자 맡은 부분의 일을 하고 있다. 내가 맡은 업무를 숙련되게 해내기도 쉬운 일은 아닌데, 조직 안에서 갈등과 부딪힘까지 수시로 발생한다.

이때마다 감정 변화와 생각을 관찰하여 나를 이해한다. 그리고 내가 소속된 회사와 다른 구성원을 이해한다면 스트레스로 작용하지 않는다. 힘들지만 나를 깨어 있게 하고 돌아보게 하는 수단과 계기가 된다.

은지 씨는 부서 이동 후 새로 만난 선임이 유독 자신을 차갑게 대하고 업무 실수에 대해 심하게 나무란다고 느꼈다. 씩씩하게 일하다가도 선임을 대할 때면 식은땀이 쭉 나고 가슴이 두근거리며 갑갑해진다.

직장 스트레스는 어떻게 해소할 수 있을까? 업무적 부담과 어려움은 늘 있기 마련이다. 여기에 상사와 부하직원을 대할 때 또는 유관 부서와 업무를 조율할 때도 쉽지 않다. 그런데 어려움을 마주할 때 나를 관찰하고 알아가는 계기로 삼는다면 얘기가 달라진다.

지호 씨는 최근 영업 담당 업무로 변경된 후 극심한 어려움을 겪고 있다. 인계를 제대로 받지 못하고 곧바로 투입되어 부족한 게 많다. 파트장은 수시로 "제대로 하는 게 뭐냐?", "대체 아는 게 뭐가 있냐?"며 몰아세운다. 그럴수록 지호 씨는 머리가 하얘지고 파트장의 말이 귀에 들어오지 않는다. 파트장 앞에만 서면 얼어붙는다.

수치심과 불안한 마음, 무기력감으로 출근하기 싫던 점은 상담과 약물치료로 많이 나아졌다. 파트장의 폭언과 몰아세우는 태도는 여전하지만 이전만큼 지호 씨가 느끼는 괴로움이 크지 않아 견딜 수 있다고 한다.

지호 씨는 파트장을 대할 때 마음에 일어나는 두려움과 긴장을 관찰하여 극복해 보기로 마음먹었다. 앞으로도 이런 유형의 상사를 또 만날 수 있다고 생각했고, 이번 일을 극복하는 계기로 삼아보기로 했다. 지호 씨가 두려움을 마주하고 극복한 경험은 앞으로 직장 생활에서 자신감의 바탕이 될 것이다.

전공의 수련을 받는 동안 위에 연차 여자 선생님과의 관계가 어려웠다. 나는 선생님과 편해지고 인정받고 싶었다. 그래서 잘 하려고 하면 할수록 엉뚱한 실수를 하고, 부자연스러운 분위기가 형성되곤 했다.

'나는 이거밖에 안 되나' 하고 움츠러들고 실망하는 마음을 마주하는 것이 괴로웠다. 그렇지만 이를 내 생각과 감정을 관찰하고 이해하는 방편으로 삼았다. 선생님을 대할 때의 경직되는 마음과 불편한 느낌의 생각을 읽고 긴장을 누그러뜨리며 자신을 격려했다.

일상에는 늘 힘들고 어려운 일들이 있다. 삶 속에서 부딪히는 일들을 마음 수행의 방법으로 삼는다면 어떨까?

회복하는 시간

체계적인 훈련과 충분한 휴식을 병행하며 마라톤 대회를 준비한다. 페이스를 유지하고 계획대로 잘 달려도 마라톤 대회가 끝나면 몸과 마음의 에너지는 고갈되기 마련이다. 그래서 마라톤 대회에서 전력을 쓰고 난 후에는 몸과 마음이 재충전을 위한 절전모드에 들어가기도 한다.

마라톤을 달리려면 보통 3개월에서 4개월 정도 훈련한다. 매일 밤낮으로 연습해도 대회 당일 42.195km를 달리는 시간은 참 고되다. 수많은 인파 속에서 안전거리를 확보하고 주로에서 발생하는 여러 상황에 대처해야 한다. '내가 현재 속도로 끝까지 완주할 수 있을까?', '고비를 맞지는 않을까?' 에너지 배분에 집중하며 몸의 상태도 수시로 살펴야 한다. 갑자기 비가 내리거나 돌풍이 부는 등 기상 상황도 변수로 작용한다. 이렇듯 풀코스 마라톤을 달리는 3~5시간 동안 몸도 뇌도 쉴 틈 없이 돌아간다.

달리는 동안 잠깐 힘이 하나도 안 들고 자연스럽게 달려지는 느낌의 '러닝 하이running high'가 오기도 한다. 또 주로에서 친구들과 가족들이 응원하는 모습을 보면 반갑고 기쁘다. 주로에 같이 달리고 있는 사람들이 대견하고 동질감이 느껴지는 순간도 있다. 그러나 달리는 시간 대부분은 숨차고 고되다. 그러다 비로소 결승선을 밟고 숨을 고르는 동안 아주 잠시 아득하다. 땀이 마르고 호흡이 돌아오면서 정지된 순간이 고요하고 평화롭다. '드디어 마쳤다, 해냈다'는 해방감과 희열이 느껴진다. 나에 대한 믿음과 만족스러움에 벅차고 동료 러너들과의 교감까지 더해져 기쁨이 차오른다. 이후로는 물밀듯이 피로감이 몰려온다.

2024년 3월 17일 서울 국제 마라톤과 2024년 3월 30일 런

유어 웨이 하프 레이스 인천에서 개인 최고 기록을 달성했다. 그리고 2024년 4월 21일 런던 마라톤을 참가하기 위해 지구 반대편에 다녀왔다. 4개월 남짓 기량을 최대치로 끌어올려 달리면서 고갈된 힘을 다시 회복하기 위해 몸과 마음은 절전모드로 들어갔다.

아침에 겨우 일어나서 겨우 출근하고 겨우 진료를 하고 겨우 퇴근해서 눕는 일상을 반복했다. 아무것도 하고 싶지 않았다. 세상에 나 혼자라고 느껴지며 삭막한 기분도 들었다. 지금 죽는다고 해도 아쉬운 마음이 들 것 같지 않았다. 그런데 에너지 소진으로 인한 이런 증상은 이번에만 겪은 것은 아니다. 정도의 차이는 있겠지만 이전에도 최선을 다해 달리고 대회가 끝나면 리듬이 깨지면서 2~3주가량 우울과 무기력감이라고 칭할 수 있는 상태를 겪었다.

엘리트 선수들도 중요한 대회를 치르고 나서 상당 기간은 무기력하고 신체 컨디션과 기분이 평상시보다 다운되는 데 이를 '포스트 레이스 블루post race blues'라고 부르기도 한다. 생물학적 메커니즘으로 이해해 보자면 도파민 상승으로 인한 희열을 맛본 이후 상대적인 우울감과 무기력감을 경험하는 것이기도 하다. 근육이 장시간 수축과 이완을 반복하면서 뭉치고 젖산 등 피로 물질이 쌓여 실제로 몸이 무겁기도 하다.

그러나 희열이 영원하지 않은 것처럼 이러한 피로감과 무기력한 느낌도 시간이 지나면 점차 회복되고 옅어진다. 그런데 이 기간이 유독 괴롭고 힘들다. 때로는 대회 후유증이 겁나서 마라톤 대회를 준비하는 게 꺼려지고 피하고 싶다.

대회를 달리기 전에 계획을 세울 때는 레이스가 끝난 후 회복 기간까지 포함되어야 한다. 그리고 그 회복은 신체적 회복뿐 아니라 심리적 회복까지 포함한다. 잘 회복해야 그 다음에도 도전할 수 있다.

50대 중반의 진수 씨는 3개월 전부터 체력이 저하되고 무력하고 우울했다. '앞으로 남은 세월을 어떻게 살아야 하나?' 즐거운 일도 기대되는 일도 없었다. 그동안 꾸준히 했던 테니스도 하기 싫었다. 대학을 졸업하고 취직해 30여년 가까이 쉼 없이 일해 왔다. 1~2년 전부터 지치고 힘든 느낌이 종종 들었는데 올해 초부터는 너무 힘들었다.

'그동안 애써왔다. 그만큼 힘을 쓰고 지쳤으니 지금 느끼는 현상은 자연스러운 것이다. 괜찮다. 지나갈 것이다. 아침에 그냥 출근만 해보자. 그리고 아파트 헬스장에 가서 하루에 5분만

이라도 운동을 하자'고 스스를 이해하고 격려하는 연습을 했다. 지난 2개월 동안 버티면서 자신에게 시간을 주고 기다려 주는 연습을 했다. 그리고 마침내 우울과 무기력이 옅어지고 좋아졌다는 느낌이 생겼다.

"이제는 좀 나아졌다는 느낌이 있어요. 이전까지는 아침마다 몸을 일으키기 어려워서 눈은 떠져도 한동안 침대에서 몸을 일으킬 수 없었어요. 겨우 출근해서 업무를 보다가 이유 없이 몸과 마음이 한없이 꺼지는 느낌이 들었어요. 이걸 어떻게 해야 하나 언제쯤 좋아지나 막막했는데 이번 주부터는 몸도 가볍고 기분도 괜찮아졌어요. 그런데 이렇게 우울하고 무기력하고 힘든 느낌이 또 오면 어떻게 하지 걱정이 돼요."

"정말 애쓰셨습니다. 2~3개월 동안 무기력하고 우울한 느낌이 대체 언제 없어지고 좋아지나 끝이 안 보였어요. 그런데 지금은 언제 그랬냐 싶게 나아지셨네요. 그동안 점차 회복해 온 과정을 돌이켜 보세요. 좋아지기 위해 스스로 노력하고 힘써왔던 것도 기억해 보세요. 앞으로도 힘든 시간은 또 올 거예요. 삶은 내 뜻대로 할 수 없는 게 더 많으니까요. 그렇지만 힘든 것을 견디고 이겨온 나 자신을 기억하세요. 이겨낼 수 있는 힘이 내 안에 있습니다."

무기력감도 삶의 자연스러운 한 부분이다. 우리는 태어나서 살다가 결국에는 죽음을 맞이한다. 사는 동안 기쁨과 슬픔을 느끼고 희열과 성취 뒤에 허탈과 상실을 경험하기도 한다. 젊고 건강하던 몸이 늙어가고 여기저기 탈이 나는 것은 자연의 이치다. 미리 알고 있으면 당황하지 않는다. 그런데 아무리 정신과 의사라고 해도 자연스럽게 찾아오는 무력감과 우울감을 피할 수는 없다. 그렇지만 이미 올 거란 걸 준비했기 때문에 '괜찮다', '지나갈 것이다' 다독이며 무기력한 시기를 견뎌낸다. 어둠 속에 머무르더라도 희미한 빛의 방향을 느끼고 찾을 수 있다. 머지않아 어디로 나가야 하는지 출구도 결정할 수 있다.

성취감 뒤에는 상실감도 찾아온다

2023년 가을 JTBC 서울 마라톤 대회를 마치고 집으로 돌아가는 길에 이제 막 방송국에서 마라톤 중계 해설을 마친 뒤 운동장으로 향하고 있는 권은주 감독을 만났다. 그리고 몇 주 뒤 상암 월드컵 경기장에서 손기정 평화 마라톤 대회 10km 참가 전 워밍업을 하다가 권은주 감독을 다시 만났다. 이전부터 만나기로 약속해 오던 터라 며칠 후 점심시간에 만나 차를 마시며 대화를 나누었다. 조선일보 춘천 마라톤, JTBC 서울 마라톤 등 굵직한 대회가 끝나고 나서 많은 마스터즈 러너들이 무력감을 경험하고 있던 시기였는데 엘리트 선수들은 어떨지 궁금했다. 권은주 감독과 대회 후 우울감과 무기력감에 대해 대화를 나누었다.

"엘리트 선수들은 일반인들보다 목표 설정도 뚜렷하고 동기부여도 훨씬 크잖아요. 훈련량은 또 어떻고요. 엘리트 선수들은 준비했던 주요한 대회를 마치고 나서 허탈하고 무력할 수 있는 이 시기를 어떻게 이겨내나요? 감독님은 어떠셨어요?"

"저는 실은 지금처럼 낙엽이 떨어지고 하는 이 계절이 항상 좀 칙칙하게 느껴졌어요. 선수 시절에는 3월부터 시즌 들어가서 가을에 전국 체전이나 춘천 마라톤 등 중요한 대회들을 마무리하면 동계 훈련 시작하기 전까지 힘이 나지 않고 그랬어요. 그래서 이번에 주디팀은 내년 봄 동아일보 서울 마라톤 훈련을 시작하기 전에 충분히 휴식을 가지려고 해요. 잘 쉬다가 1월에 시동을 걸기 시작하려고요."

엘리트 운동선수들이 아시안게임, 올림픽, 국제 대회 등에서 기록을 갱신하거나 메달을 따는 등 성취를 거두고 나면 한동안 우울감을 경험한다. 끊임없이 몸과 마음을 담금질하며 원하는 목표에 달성한 만큼 상대적으로 깊은 무기력감을 경험한다. 물론 다시 훈련에 돌입하여 이겨내지만 에너지 소진이 크고 환희가 큰 만큼 이후에 찾아오는 무력감과 허탈감도 클 수밖에 없다.

연애를 시작하면 가슴이 두근거리고 하루하루 설렌다. 헤어지게 될 때의 상실감과 우울감도 그만큼 깊기 마련이다. 신혼의 달콤함과 즐거움이 지나가면 결혼이 이런 것이었나 싶을 만큼 싫증이 나기도 한다. 신나는 여행 후에 일상의 평범함으로 돌아왔을 때는 심드렁하고 만사가 귀찮다. 목표를 향한 즐거움과 열정이 다하고 나면 허탈하고 우울해진다.

어떤 목표를 위해서 박차를 가해 도달하고 나면 한동안은 몸도 마음도 무겁다. 새로 시작하고 도전하는 것이 귀찮을 수 있다. 당연한 순리다. 에너지를 쓰고 나면 우리 몸은 다시 에너지를 충전하기 위해서 절전모드로 전환된다. 생을 사는 동안 우리는 이 과정을 끊임없이 반복할 것이다. 우울감 무기력감은 삶에서 나타나는 자연스러운 현상으로 모든 일에서도 마찬가지다.

기분과 신체 컨디션이 다운되는 이 시기를 견뎌내는 것이 참 힘겹다. 그래서 우리는 무력감을 극복하기 위해 무언가 또 다른 계획을 세우곤 한다. 여행을 다녀오고 나서 새로운 곳으로 여행 계획을 세우고, 실연 뒤에 새로운 사람을 만나려고 노력한다. 마라톤을 완주하고 나서는 다른 대회를 나가려고 준비한다. 물론 이 방법도 효과가 있다. 그런데 미처 회복하지 못하고 새로운 계획으로 또 에너지를 고갈하면 결국 더 크게 방전될 수밖에 없다.

> "교수님, 한 달을 쉬었는데 힘이 없어요. 여전히 무기력하고 낫는다는 느낌이 없으니까 쉬는 게 맞는 건가? 하는 생각도 들어요. 그래도 아침마다 산에도 가고 아내랑 미술관도 다니면서 외출하려고 노력해요. 그런데 뭘 하려고 해도 별로 힘도 없고 그렇게 하고 싶지도 않아요. 이게 자연스러운 건가요?"

바쁘게 지내다가 멈추고 휴식할 때 맥이 풀리고 기운이 없이 느껴져 이완된 느낌이 오히려 더 힘들기도 하다. 뇌는 마침내 휴식 타임이 왔다고 판단해 그동안 고갈된 에너지를 충전할 적절한 기회라 여기고 몸과 마음을 절전모드로 전환한다. 우울하고 무기력한 대신 에너지 소모를 줄이고 재충전할 수 있다. 에너지 소모가 컸다면 그만큼 더 무기력하고 힘이 빠질 수 있다. 여유를 가지고 휴식하면 이전의 활력을 찾게 될 것이다. 그리고 다시 또 심각하게 오는 무력감을 예방하려면 미루지 말고 제때 적절한 휴식을 취하며 충전하는 것이 필요하다.

코시노 에리 씨는 2023년 JTBC 서울 마라톤 마스터즈 부문 여자 우승자다. 대회 2주 후 열린 손기정 마라톤 대회 10km에 참가했을 때 탈의실에서 만나게 되었다. 여자 러너들이 에리 씨를 가운데 두고 질문과 감탄을 쏟아내었다.

"에리 씨 훈련은 어떻게 했어요?"

"그렇게 빨리 달리면 숨 안 차요?"

"너무 대단해요."

"언덕과 계단을 많이 달리면서 무식하게 훈련했어요."

에리 씨가 미소지으면서 겸손하게 답했지만 여름 내내 어떤 훈련을 하고 자신의 한계를 극복했는지 보지 않아도 그 과정을 느낄 수 있었다. 나도 에리 씨에게 장대비 속에서도 훌륭한 기록으로 우승한 것에 대한 축하를 건넸다. 그리고 대회 후 심리적, 신체적으로 지치고 힘들지 않았는지 넌지시 물었다.

"대회 날과 그 뒤로 하루 이틀은 너무 좋아서 '와아아' 하는 기쁨 속에 힘든 걸 모르고 붕 뜬 느낌으로 지냈어요. 그러고는 몸살을 앓고 고생했어요. 지난 한 주 동안은 지치고 힘들었어요."

자신의 한계를 넘어서는 목표를 성취하여 커다란 환희를 경험한 뒤에는 상대적으로 깊은 무력감을 경험하게 된다. 그만큼 에너지를 소진했기 때문에 생기는 자연스러운 반작용이다. 반대로 큰 목표가 없으면 애써서 준비하던 일을 마치고 나도 담담하게 즐겁다. 큰 성취감의 희열도 있고 밋밋한 편안함도 있다. 어느 것이 옳다거나 더 좋다고 할 수는 없다. 다만 어떠한 선택이든 내가 이해하고 받아들일 수 있다면 아쉬움은 있어도 후회는 없다.

해낼 수 있다는 자신감

마라톤 대회를 준비할 때 다른 사람들과 훈련하기 위해서 목표 기록을 정한다. 마라톤 훈련을 혼자 할 수도 있지만 고강도의 훈련을 꾸준히 이어가려면 여러 사람과 함께할 때 시너지 효과가 있다. 과거보다 나은 기량으로 달리고자 한다면 이전의 한계를 뛰어넘어야 한다.

요즘 서브3 그룹에서 마라톤 훈련을 하고 있다. 풀코스 마라톤을 3시간 7분에 달리던 것에서 3시간 이내로 달리는 것은 완전히 다른 영역이다. 메인 프로그램에서는 매번 한계를 경험하는 훈련 강도다. '이 훈련을 내가 잘 소화할 수 있을까?'

떨리는 마음이다.

지난 시즌 싱글 그룹에서 달릴 때 일이다. km당 4분 25초 페이스로 32,000m, 운동장 80바퀴를 달리는 훈련을 앞두고 가볍게 몸 상태를 끌어올리는 날이었다. 같은 페이스로 1,600m, 운동장 4바퀴씩 달리고 회복 조깅으로 호흡을 고르면서 다시 4바퀴 달리는 것을 4세트 반복하는 훈련이었다.

그렇게 부담되는 훈련 강도가 아닌데도 전날 밤부터 잠도 잘 안 왔다. 워밍업을 마치고 출발하기 전까지, 심지어 시작하고 나서 2바퀴를 달리고 있었는데 마음에 긴장이 가시지 않았다. 그냥 달릴 순 없을까? 잘 하려는 마음, 좋은 기록을 내고 싶은 마음, 또 증명받고 싶은 마음, 내 실력보다 더 잘 뛰고 싶은 마음이 있으면 떨리고 긴장된다.

첫 1,600m를 시작하였다. '할 수 있을까' 하는 나 자신을 관찰하며 시선을 앞에 달리고 있는 사람에게 고정했다. 첫 바퀴는 수월하였지만 두 번째 바퀴는 이대로 지속할 수 있을까 확신이 없어 몸에 살짝 힘이 들어갔다. 세 바퀴째는 숨이 차오르고 힘이 들었지만 한 바퀴만 더 버티면 된다는 생각에 km당 4분 25초 페이스로 달리는 걸 지속할 수 있었다. 네 바퀴째는 이제 마지막이니까 뛰어졌다. 그리고 400m를 회복하는 낮은 페이스의 달리기로 이어간다. 첫 세트는 잘 마쳤고 두 번째 세트를 들어갈 때는 첫 세트보다 조금 수월했다. 세 번째 세트는 호흡이나 달리는 동작이 좀 더 자연스럽고 자신감이 생겼다. 네 번째 세트는 역시 마지막이니까 견뎌낼 힘이 났다.

막상 해보니 이렇게 달려질 건데 왜 믿음이 없었을까? 어떤 것 때문에 필요 이상의 긴장을 했을까? 그렇지만 이건 결과적인 이야기다. 막상 도전할 때는 어느 것도 확신할 수 없어서 떨리고 긴장될 수밖에 없다. 직접 부딪혀 해보는 동안 스스로에 대한 자신감이 생기면, 다음에도 해낼 수 있다는 믿음이 생긴다. 역시 돌이켜 보면 늘 더 나아지려는 방향으로 달려왔다는 걸 새삼 깨닫게 된다.

'과연 내가 해낼 수 있을까?' 자신의 한계를 경험했지만 이겨내는 경험도 하였다. 앞으로도 힘들어지는 상황을 마주하게 되겠지만, 고비를 넘어온 나를 믿고 다시 이겨낼 수 있다는 자신감을 얻었다.

"상민 씨, 많이 좋아지셨네요. 처음에 오셨을 때 힘든 것도 많았는데 위기를 잘 넘겨 왔어요. 그동안 좋아지기 위해 노력하고, 포기하고 싶을 때마다 잘 극복해 온 스스로를 칭찬하고 인정해 주면 좋겠습니다. 앞으로도 고비는 다시 오겠지만, 이번에 잘 이겨온 자신을 믿고 가면 돼요. 어떨 것 같으세요?"

"선생님, 이제는 할 수 있을 것 같아요. 다음 신제품 출시 시즌에도 물론 쉽지 않을 거예요. 그렇지만 할 수 있다는 믿음이 있어요. 그리고 힘들면 선생님한테 다시 오죠 뭐. 하하."

"그럼요. 저는 여기 있습니다."

상민 씨는 1년 전 회사를 그만두어야 할 것 같다고 진료실을 찾았었다. 경력직으로 입사한 지 2개월째였다. 새 직장에서 잘하는 모습을 보이고 싶었지만 업무가 쉽지 않았다. '잘 해낼 수 있을까?', '그만두는 게 낫지 않을까?' 매일 아침 눈뜰 때마다 출근이 망설여졌다. 잘 먹지도 못하고 잠도 이루지 못해 체중도 6kg 정도가 빠졌다. 해보고 안 되면 그때 그만둬도 된다고 자신을 다독이며 하루하루 버텼다. 이제는 할 수 있겠다는 믿음이 생겼고 치료도 종결할 수 있게 되었다.

다시
시작해 볼까

월요일 출근을 앞두고 일요일 저녁은 잠이 잘 안 온다고 하는 사람들이 많다. 긴 연휴 끝에 출근하려면 더욱 어렵게 느껴진다. 육아휴직, 병가, 장기근속 휴가 등 길게 쉬었다가 매일 아침 다시 회사에 출근하려면 처음엔 엄두가 나지 않는다. 바쁜 업무와 일상으로 돌아갈 생각만 해도 심장이 쿵 내려앉는 기분이 들기도 한다. 다시 업무 적응 궤도에 오르려면 처음엔 힘이 든다. 무언가 전환하려고 할 때는 에너지가 더 많이 쓰인다. 그런데 쉬었다가 일을 다시 시작하기도 어렵지만 반대로 휴식을 가지려고 멈추는 데에도 에너지가 필요하다.

"선생님 저는 제가 가장 잘 알아요. 다시 무너지면 헤어나오기 너무 힘들어서 이 리듬을 유지하려고 정말 애를 많이 써요. 추워지니까 자꾸 움츠러들어요. 운동 가는 게 너무 귀찮지만 애써서 나가요. 저는 겨울이 너무 힘들어요."

아침이든 저녁이든 운동을 하는 것도 고되지만 운동과 휴식 사이에서 갈등하게 되는 시험을 겪게 된다. 오히려 운동을 규칙적으로 지속할 때는 비교적 갈등이 적은 편이다. 하지만 휴가로 한 주 쉰다거나, 감기 몸살로 운동을 쉬거나, 업무가 바빠 운동을 반복해서 빼먹는 경우에는 끊긴 리듬을 다시 찾아 잇기가 힘들다.

'해서 뭐하나?', '오늘 하루 더 안 한다고 큰 차이 없지' 이런 마음들이 자꾸 솟구친다. 어떤 운동이든 에너지를 소모하는 신체 활동이다. 그런데 우리 뇌는 휴식을 취하며 에너지를 축적하고 아끼는 쪽을 선호한다. 그래서 다시 시작할 때는 이유를 찾지 말고 그냥 시작해야 한다.

달리기를 꾸준히 하다가도 살다 보면 멈추게 되는 날들이 있다. 바쁜 일상, 출산과 육아, 집안 대소사, 몸과 마음의 상태, 하다못해 날씨까지 달리지 못하는 순간은 다양하다. 그리고 달리기를 하다 부상이 올 수 있는데 자발적으로 휴식을 취해야 하기도 한다. 달리고 싶은데 달리지 못할 때 참 난감하다. 몸의 컨디션도 저하되고 다른 사람들이 달리기를 지속하는 것을 보면, 나만 뒤처질 것 같아서 조급한 마음이 들기도 한다.

조금은 느긋해지려고 노력하며 스스로를 배려하고 시간을 내어줄 수 있으면 좋다. 그렇게 할 수 있는 비결은 나를 알고 이해하는 것이다. 달리다가 그만둘 게 아니라 앞으로도 계속 달릴 거니까, 또 그걸 내가 아니까 말이다.

물론 다시 시작할 때는 늘 어려움과 마음의 갈등이 따를 것이다. 하지만 다시 극복하고 전환할 수 있다. 삶이 그렇게 이어져 왔고 앞으로도 그럴 것이다. 때로는 안 할 수 있는 것이 능력이 되기도 한다. 그리고 멈추었다가 다시 시작할 때는 고되기도 하지만 설레기도 한다.

지난겨울 일이다. 아침 기온이 영하 7도였고 체감온도는 영하 12도였다. 달리기를 쉰 지 2주가 되어 갔다. 어젯밤 잠들기 전 미리 다음 날 기온을 확인했다. 날씨와 몸의 컨디션에 따라 30분이라도 달리고 출근하자고 결심했다.

아침에 일어나면서 '헬스장에 가서 달릴까?', '아니다, 달리기는 하지 말고 실내에서 보강 운동이나 하고 출근할까'라며 슬며시 뒤로 빼고 있는 나를 관찰한다. 물론 다 괜찮다. 그마저도 안 해도 다 괜찮다. 그런데 이미 결정했으니까 주섬주섬 옷을 챙겨 입고 핫팩을 쥐고 문밖을 나선다. 처음엔 생각보다 기온이 차갑지 않다고 느껴졌지만 아파트 건물 사이를 벗어나 야외로 나가니 찬바람이 느껴진다. 찬 공기에 정신이 번쩍 들며 머리가 깨어나는 느낌이다. 체감온도 영하 12도에 달리기를 하고 있노라니 다른 생각이 끼어들 틈이 없다. 체온이 식지 않게 더 템포를 높여 달려 나간다. 깜깜한 새벽, 차가운 날씨에 나 말고도 뛰는 사람들이 있다. 반갑다. 이들도 아는 것이다, 뛰는 맛! 빙그레 미소 지으며 한강 쪽으로 달려간다.

한 번 달리기의 즐거움을 맛보게 되면 그냥 달리게 된다. 더 쉬고 싶고 자고 싶은 마음을 이기고 달리러 나간다. 물론 그 과정에서 어려움도 있지만 그에 상응하는 몸이 열리는 즐거움과 가벼운 느낌, 머리가 맑아지는 느낌이 좋아서 다시 그 상태를 느끼고 싶어진다. 그래서 하루 이틀 혹은 몇 주 쉬었다가도 다시 몸을 일으키게 된다.

PART 3

정신과 의사의 마라톤 이야기

어쩌다
마라톤

전문의 시험을 마치고 한동안 쉬면서 멀리 여행을 다녀왔다. 돌아와 병원에 취직하려고 보니 이미 충원이 지난 시기여서 서울과 경기권 안에서는 선택지가 별로 없었다. 서울에서 나고 자라 서울을 벗어나 살아보고픈 마음이 늘 있었다. 그렇게 삶의 터전을 옮겨 취직한 병원이 낙동강변에 위치해 새벽 출근 전 혹은 퇴근 후에 낙동강변을 달렸다. 하루살이가 눈에 들어가는 날도 많았지만, 10년 넘는 세월 동안 익숙해진 낙동강변의 새벽녘과 해 질 무렵 하늘, 아름다운 풍경은 지금 떠올려도 마음이 낙낙해진다.

어느 날, 비교적 육상을 가까이 접해온 친구가 달리기 대회에 한번 나가보자 했다. '나도 대회에 나가 볼까' 하고 마음에 심었던 작은 씨앗은 2011년 가을 춘천에서 첫 열매를 맺었다. 조선일보 주최 춘천 국제 마라톤 대회와 함께 개최된 10km 종목에 참가했다. 처음 경험하는 마라톤 대회장은 열기가 후끈후끈 달아올라 있었다.

러너들의 물결 속에서 긴장되고 설레는 마음으로 스타트부터 피니시까지 최선을 다해 달렸다. 지금은 대회 출발 전 몸을 풀어주고 달리지만, 당시에는 충분한 워밍업도 없이 처음부터 전력으로 달렸다. 그 탓에 3km도 채 못 가서 페이스가 급격히 떨어졌고 많은 러너가 나를 제치고 나갔다. 그래도 최선을 다해 달렸고, 숨이 차니 괴로워져 '피니시는 얼마나 남았나' 자주 생각했다. 결국 끝까지 달려서 바라고 그리던 결승선을 밟고 완주 메달을 자랑스럽게 목에 걸었다. 다리가 무겁고 여기저기 쑤시고 아팠지만, 단풍으로 물든 가을 춘천은 참 아름다웠고 대회 후 먹은 막국수도 맛있었다.

달리기를 이어가던 같은 해 2011년 11월 13일 안동 낙동강변 마라톤 대회 하프 종목에 참가해 2시간 6분 45초로 완주했다. 이제 하프 마라톤도 달렸으니 다음 단계로 풀코스 마라톤도 한번 달려보나 하는 생각이 스며들었다. '10km를 1시간 안에 달리고 하프 마라톤은 2시간대에 달리니까, 풀코스 마라톤도 4시간대에 달릴 수 있지 않을까?' 막연히 짐작했다.

이듬해 2012년 가을 동아일보 주최 경주 국제 마라톤 대회에 참가해 5시간 11분 54초에 완주했다. 전반 하프에 2시간, 후반 하프에 3시간 이상 걸렸다. 하프를 지나고 나서부터는 계속 고통의 연속이었다. 숨은 가쁘고 다리는 무겁고 피니시까지 남은 거리가 막막하게만 느껴졌다.

매일 하는 달리기의 연장선에서 특별한 준비 없이 첫 마라톤 대회에 참가했다. 풀코스 마라톤에 대한 이해가 한없이 부족했다. 오로지 내 안의 경험을 통해 스스로 터득하고 모든 시행착오를 겪었더니 마라톤에 대한 이해가 오히려 확실하고 생생해졌다.

첫 마라톤을 겨우 완주하고 나서는 그야말로 녹초가 되었다. 고개를 절레절레 흔들며 '한 번이면 족하다. 달리기는 해도 마라톤은 다시는 하지 말아야지' 생각했다. 그런데 시간이 지나면서 마라톤을 완주하긴 했는데, 멋모르고 얼렁뚱땅 완주한 느낌이라 무척 아쉬웠다. 한 번쯤은 계획적으로 운영해서 제대로 해보고 싶은 마음이 들었다.

2013년 3월 17일 동아일보 주최 서울 국제 마라톤 대회에 참가했다. 대회 시작 전 광화문광장 세종문화회관 앞 D조 출발선에 대기하고 있었다. 앞에서 스타트 총성 소리가 울리는데 눈물이 핑 돌았다. 첫 마라톤은 아무것도 모르고 시작했지만 이젠 그 고통을 알기에 얼마나 힘들지 실감나기 시작하니 덜컥 겁이 났다.

달리다 보니 아무것도 모르고 1년 전 하프 마라톤 한 번 뛰어보고 참가한 첫 번째 마라톤보다는 훨씬 나았다. 그럼에도 30km 성동교 사거리 오르막, 36km 신양초등학교, 38km 잠실대교 오르막, 그리고 골인까지 멈추지 않고 달리기를 지속하는 것은 얼마나 힘들었는지 지금 생각해도 숨이 턱 막힌다.

피니시 지점인 종합운동장을 향해 들어가는데 운동장 안쪽에서 들리는 "이제 다 왔어요. 여러분 수고하셨습니다"라는 마이크 음성에 울컥하며 눈물이 났다. '이제 다 왔다. 수고했다'는 말이 나를 알아주는 것 같았다.

아침에 낙동강변을 달리며 주말에는 가끔 하프 마라톤을 달렸다. 마라톤을 두 번 완주하고 나니 하프 마라톤은 달리기로 마음먹기가 한결 쉬워졌다. 봄부터 가을까지 전국 곳곳에 마라톤 대회가 열렸다. 강원도에서부터 땅끝, 울릉도, 제주도까지 전국에서 개최되는 대회에 종종 참가하며 유람하였다. 그리고 매해 봄, 가을에는 풀코스 마라톤을 완주하게 되었다.

이쯤이면 나도 마라톤 고수

달리기를 지속하다 보니 온라인 커뮤니티를 알게 되었다. 그리고 마라톤 대비 훈련 프로그램인 오픈케어 100일 프로젝트를 접하게 되었다. 체계적으로 준비하면서 차근차근 실력도 업그레이드되고 후유증도 줄어들었다. 2016년 서울 동아 마라톤부터는 서브4 4시간 이내 마라톤 완주, 3:30 3시간 30분 이내 마라톤 완주, 3:20 3시간 20분 이내 마라톤 완주으로 기록 단축의 재미도 경험하게 되었다.

마라톤을 3시간 30분 이내에 달리는 3:30 러너면 아마추어 여성 러너로서는 고수급이다. 당시 기준으로 3시간 30분 안에 완주하면 꿈의 대회인 보스턴 마라톤을 참가 신청할 수 있는 요건도 충족되어 기왕이면 3:30은 해봐야지 싶었다.

풀코스 마라톤 기록이 4시간대에서 3시간대로 넘어올 때도 이전과는 차원이 다른 훈련이 뒷받침되어야 했었는데, 3:30 러너가 되는 것은 또 다른 벽을 깨는 것이었다. 마라톤을 3시간 30분 이내로 완주하려면 1km를 5분 이내 달리는 페이스로 42.195km를 달려야 한다.

2017년 10월 29일, 조선일보 주최 춘천 국제 마라톤 대회 3시간 28분 9초 완주에서 처음으로 3시간 30분 안에 완주했다. 여름내내 오르막에서 1km를 5분 이내 달리는 인터벌 훈련을 꾸준히 했다. 춘천 마라톤은 의암댐과 춘천댐을 낀 코스로 오르막이 많아서 일정한 속도를 유지하며 달리기가 어렵고, 특히 레이스 후반에 퍼지는 경우가 많다. 더구나 마라톤은 42.195km에 이르는 동안 변수가 많기 때문에 아무리 훈련을 잘 해왔다고 해도 몸의 컨디션이나 상황에 따라 목표했던 결과를 얻지 못할 수도 있다. 춘천 마라톤에서 3:30을 하려면 어떤 훈련이 필요한지 알았고, 3개월 동안 매일같이 꾸준히 달려왔다. 스스로 노력한 시간과 과정을 알기에 해낼 수 있다는 믿음이 있었다. 그리고 내 안의 목표가 실현되었을 때는 뿌듯하고 감격스러웠다. 스스로에 대한 믿음과 드디어 해냈다는 안도감이 꾸준히 달려 온 나에게 보상이 되었다.

10번의 봄

2024년 3월 17일 동아일보 주최 서울 국제 마라톤을 10번째 완주하였다. 코로나 기간에는 대회가 정상적으로 개최되지 못했지만 2013년 이후로 매해 참가했다.

새벽 4시에 기상해서 찬찬히 준비해 서두르지 않고 집을 나섰다. 짐을 맡기고 나니 7시 30분 정도가 되었다. 호흡을 길게 내쉬며 당황하지 않고 차분하게 워밍업을 시작했다. 그리고 출발선 앞에서 대기하면서 몸을 더 풀어 주었다.

출발 총성이 울리자 내 앞에서 준비하고 있던 엘리트 러너들이 순식간에 시야에서 사라졌다. 3분 뒤면 내가 속한 A그룹도 출발이다. 손목시계의 스타트 버튼을 누를 준비를 했다. 숨을 후 내뱉고 러너들 물결에 휩쓸려 넘어지지 않도록 집중했다. 주변 분위기에 페이스가 너무 빨라져 후반에 고생하지 않도록 마음을 차분히 하며 달려지는 몸의 감각을 살폈다.

남대문까지 거의 1km의 거리다. 시계를 보는데 너무 차분하게 출발했는지 km당 4분 40초 페이스가 나왔다. 몸의 느낌을 읽으며 동대문디자인플라자 DDP까지 가니, 달리는 속도가 살짝 올라왔다. 다시 을지로 입구에 돌아와서 청계천으로 진입하고 10km를 44분 50초 통과했다.

청계천 고산자교를 건너며 15km를 지나면서부터는 몸이 더 잘 나가는 느낌이었다. 페이스를 살려 약 5km 정도 을지로 입구역까지 되짚어갔다. 종로 대로를 달려 20km를 1시간 28분에 통과하고 흥인지문 하프 지점을 지났다. 신설동 오거리를 지나며 '바나나 스포츠 클럽' 팩에 합류하게 되었다.

혼자 힘들게 페이스를 잡으며 뛰다가 그룹에 들어가 달리게 되니 저절로 달려지는 듯 편안했다. 너무 편안해서 이대로 피니시까지 갈까 싶은데 앞선 멤버가 "빨라 빨라"를 자주 말한다. 알지 못하던 그룹에 끼다 보니 내가 계획한 페이스보다 늦어질까 싶어 고민하다 무리에서 나왔다. 그런데 달리다 보니 내가 뒤처진다. 함께 무리 지어 달릴 때는 리듬이 맞춰지면서 달리기가 훨씬 수월해진다. 혹시나 내가 계획한 페이스보다 느리게 달리는 그룹일까 싶어서 빠져나왔는데, 오히려 혼자 달리다 보니 속도가 늦춰졌나 보다. 지나고 보니 무리가 저 멀리 앞서 있다. 당시에 함께 가던 그룹의 레이스 운영 계획을 알 수 없었기 때문에 팩에서 빠져나와 혼자 달리기로 결정했었다. 아쉽긴 했지만 지나간 일이다.

마라톤은 어떻게 달려도 달리는 중엔 힘이 든다. 힘든 것을 그대로 마주하기로 정했기에 힘은 드는데 힘들지가 않다. 25km에서 급수대에서 물을 마시며 정수리에 남은 물을 뿌려 머리의 열기를 식혔다. 아침엔 그렇게 춥더니 구름이 걷히고 햇살이 내리쬐면서 더워졌다. 28km 군자교를 건너 오른쪽으로 향하여 군자역 오르막을 달리기 시작했다. 가볍게 발을 통통통 구르며 시선을 아래로 하고 달리는 느낌에만 집중했다. 생각보다 수월하게 오르막이 지나갔다. 언덕에서도 밀리지 않고 4분 30초주 이내로 달렸다.

'이야, 많이 컸다. 여길 이렇게 수월하게 지나가다니. 10번이나 이 언덕을 오르는구나.'

서울 동아 마라톤을 달릴 때면 군자역 오르막이 힘든 구간

중 하나다. 세종대를 지나 어린이대공원 사거리에서 다시 오른쪽으로 향한다. 서울숲 교차로를 지나 잠실대교로 향하는 약 5km 구역은 횡단보도가 많아서 보행자가 길을 건너가기도 한다. 보행자를 피하려고 급하게 멈추면 달리는 속도가 줄어들고, 대회 후반이라 몸과 마음이 지쳐 다시 속도를 올리기 어려워질 수 있다. 최대한 무리에 붙어서 가려고 하다 보니 점점 페이스가 올라오고 컨디션도 좋았다. 잠실대교 앞에서 목이 메어 온다. 벅찬 감정이 올라오면서 눈시울이 붉어졌다. 지금까지 타협하지 않고 모든 순간 내 의식을 마주하며 달려온 스스로에 대한 감동이었다.

오르막 코스라 누적된 피로 때문에 후반에 어려울 수 있는 잠실대교도 상대적으로 수월하게 올라갔다. 잠실역 사거리에서 회전하면서 거센 바람에 모자가 휘어져 시야를 가렸다. 앞에 가던 러너가 갑자기 멈추어 서면서 넘어질 뻔했다. 얼른 균형을 잡고 다시 달려간다. 무엇이든 마주하며 달려가리라!

41km인가 권은주 감독이 큰 목소리로 "선생님 파이팅!" 응원해 준다. 감독님과 하이파이브를 하고 종합운동장 쪽으로 가기 위해 오른쪽으로 돌려는 데 태풍급 바람이 마구 때린다.

잠실 종합운동장 공사 때문에 피니시 라인이 잠실 주경기장에서 경기장 바깥 도로로 바뀌었다. 대체 피니시가 어디려나? 했는데 어! 보인다. 피니시 대문! 남은 힘을 모두 내어 달려 들어갔다.

응원하는 많은 사람이 배번에 있는 이름을 외친다.

"다 왔어요! 힘내요! 멋있다!"

'맞네요. 정말 다 왔네요.'

잠실대교 진입 때 느꼈던 벅찬 느낌으로 다시 목이 메어 온다. 피니시 통과 후 무릎을 쥐고 엎드려 잠시 숨을 고른다. 그대로 쉬고 싶지만 완주자들이 계속 들어오고 있다. 한순간도 놓은 적 없이 의식을 관찰하며 모든 순간을 마주해 왔다. 고요하고 담담하다. 그걸로 되었다.

간식과 메달을 받고 기념사진을 찍었다. 탈의실에서 옷을 갈아입고 운동장을 걸어 나왔다. 겨울이 지나가고 있었다. 그리고 나의 10번째 서울 동아 마라톤도 막을 내렸다.

10번째 서울 동아 마라톤을 3시간 7분 30초로 완주하였고 드디어 싱글 러너가 되었다. 2013년 참가했던 첫 번째 동아일보 주최 서울 국제 마라톤은 5시간 9분 10초로 완주했었다.

산길 달리기,
트레일러닝

야외 달리기는 계절에 영향을 많이 받는다. 여름이 되면 햇볕이 뜨겁고 습해서 운동장 트랙이나 도로에서 달리기가 어렵다. 그래서 나무 그늘이 있는 공원이나, 숲길, 산을 찾아 달리게 되었다. 포장되지 않은 산길이나 숲속을 달리는 것을 트레일러닝이라 한다.

가을 마라톤 대회를 앞두고 장거리 훈련을 해야 하는데, 트랙이나 일반 도로에서 달리기는 너무 더워서 문경새재 길을 달리며 훈련하기도 했다. 가파르지 않은 오르막 흙길에 나무 그늘이 많아서 비교적 시원하게 장거리 훈련을 할 수 있었다.

트랙을 계속 뺑뺑이로 돌다 보면 지루할 수 있지만 산길은 풍광에 변화가 다양하다. 노면에 굴곡도 많고 돌, 자갈, 나무뿌리 등이 있어 주변을 살피게 된다. 오히려 딴생각하지 않고 집중하며 달리게 되어 마음이 더 고요해진다. 그리고 오르막 내리막을 달리며 근육 사용에 변화를 주게 되어 몸도 단련된다. 무엇보다 시계를 보지 않고 자연의 경치를 따라 달리면서 마음에 여유가 생기는 점이 매력적이다.

마라톤 훈련을 할 때 트랙에서는 400m, 도로에서는 1km 기준으로 일정한 속도를 맞추어 달리다 보니 계속 시계를 봐야 한다. 그런데 산길에서는 노면의 굴곡이 많고 경사도 차이가 심해서 일정한 속도를 낼 수도 없다. 그래서 시계보다는 몸의 감각에 의지하고 집중하게 된다. 속도나 기록을 목표로 하지 않고 자연스럽게 몸에서 나와지는 템포에 맞추어 달리게 된다.

일반 마라톤 대회에 참가하면 다른 주자들과 무리를 이루어 달린다. 반면에 숲속을 달릴 땐 길이 좁아서 홀로 달리거나 많아야 두세 명이 짝지어 달리게 된다. 달리는 배경이 자연 속이어서 그런지 '지금, 여기, 나 자신'에 대한 몰입감이 더욱 선명해지며 마음이 평온해진다.

금수산 산악 마라톤

트레일러닝 대회는 처음이었지만 본래 산에 오르는 것을 좋아했다. 제천이 비교적 가깝고 경치가 좋다고 해서 2015년 9월 20일 제천 금수산 산악 마라톤을 참가했다.

산악 마라톤은 일반 도로를 달리는 것과 환경이 달라서 필요한 장비를 갖춰야 하지만 스틱도 없이 일반 마라톤화를 신고 달렸다. 산 입구까지는 뛰어올랐지만 산에 들어서면서부터 오르막도 내리막도 버벅거렸다. 그러는 동안 모든 주자가 나를 앞질렀다.

코스 중에 암벽도 있어서 줄을 타고 올라야 하는 구간도 있었다. 특히 급경사 내리막을 달리는 것이 어려웠다. 그러나 산 정상에 오르니 충주호가 그림 같이 눈앞에 펼쳐졌고, 탁 트인 풍경에 잠시나마 피로를 잊고 마음의 여유를 만끽할 수 있었다.

금수산 산악 마라톤 하프코스 25km를 6시간 22분 48초 기록으로 어렵게 완주하고, 2주 뒤 서울 국제 평화 마라톤 대회 풀코스 종목에 참가했다.

산악 마라톤은 평지를 달리는 것에 비해 몇 배 이상으로 체력이 소모된다. 같은 거리라 하더라도 산에서는 고저 차이가 크기 때문에 일반 도로보다 시간이 두세 배는 더 걸린다. 그리고 그만큼 체력 소모가 크기 때문에 대회 후 회복에도 더 많은 시간이 필요하다. 당시에는 경험과 이해가 부족했던 나머지 25km 산악 마라톤 후 2주 차이로 마라톤을 참가하는 것이 무리가 되는지 몰랐다.

서울 국제 평화 마라톤 출발 후 15km를 지나면서부터 몸이 무겁고 가라앉는 느낌이었다. 다리가 들어지지 않고 어찌나 숨찬지 꼭 35km 지점의 사점이 온 것 같았다. 아직 반도 안 왔는데 남은 25km를 어떻게 뛰나 도무지 엄두가 나지 않아 그만 포기하고 싶었다.

나는 무엇을 시작했다가 중도에 그만두는 성향이 아니다. 그런데 이날은 마침 대회에 함께 나온 친구가 20km 반환점을 돌아서 오는 것을 보고는 고민 없이 "집에 가자"고 외쳤다. 그러나 친구는 예상치 못한 나의 말에 어안이 벙벙한 표정으로 멈추지도 못하고 달리기를 이어갔다. 결국 나도 4시간 54분 55초의 기록으로 겨우 서울 국제 평화 마라톤 대회를 마쳤다.

제주 국제 트레일러닝 대회

산을 달리는 맛을 알게 되고, 2016년 제주 국제 트레일러닝 대회에도 참가했다. 한라산 둘레길-한라산돈내코-윗세오름-어리목-한라산 둘레길로 구성된 50km 울트라 트레일러닝 종목으로 11시간 안에 완주해야 한다. 원시림으로 울창한 한라산 둘레길을 지나 돈내코 입구부터는 쭉 오르막 길이다. 오르고 또 오르다 보면 숲길이 끝나는 남벽분기점에서는 하늘이 열리는 듯 나무 그늘이 없어지며 태양 빛으로 가득 찼다. 경치가 참 좋았다는 표현으로는 한없이 아쉬운 자연의 웅장함과 아름다움을 누릴 수 있었다.

이후 내리막에선 한 발은 앞에 두고 다른 한 발은 뒤로 두고, 두 팔을 벌려 균형을 잡고 산을 내달리는 느낌이 마치 하늘을 나는 것 같았다. 어리목 입구를 지나 다시 둘레길을 달렸다. 끝나지 않을 것 같던 한라산 둘레길이 끝났다.

피니시 전 마지막 언덕을 넘고 버티며 드디어 8시간 30분 23초만에 출발했던 법정사 입구로 골인하였다. 50K 종목 여성 3위로 포디엄에 올랐다. 돌하르방 트로피를 받고 뿌듯함에 입꼬리가 절로 귀에 걸렸다.

TNF 100, 1박 2일 달리기

제주 트레일러닝 대회 50K를 달리고 한 달 뒤 강원도에서 열리는 TNF 100에 참가하였다. 28시간의 제한 시간 동안 강원도 일대 100km 코스를 달리는 트레일러닝 대회였다.

두려우면서도 설레는 마음으로 2016년 6월 11일 새벽 6시 평창 알펜시아 리조트 스키점프대를 출발했다. 그리고 온종일 평창에서 정선, 강릉, 강원도 일대 산자락과 능선을 오르고 내렸다. 무장공비가 침투했다던 칠성산은 네 발로 기어올랐다. 해 질 무렵 솔향수목원에서 평탄한 길을 달리고 칠봉산에 올랐다. 해가 넘어가고 오봉서원에 이르러서야 저녁 도시락을 먹을 수 있었다. 그리고 한밤중에 마을 공동묘지를 지나갔는데 이색 체험을 하는 기분이었다.

다음 날 새벽 2시, 체크포인트7을 향해 부지런히 발걸음을 옮기고 있었다. 체크포인트마다 제한 시간이 정해져 있기 때문에 그 시간 내에 통과하지 못하면 대회를 이어갈 수 없다. 그때 뒤에서 차 한 대가 속도를 늦추며 다가왔다.

TNF 100 레이스 디렉터 김영미 대장님이었다. 제주에서 트레일러닝을 할 때 만나서 안면이 있었다. 김 대장님은 내가 계속 레이스를 이어갈 건지 중단할 건지 물었다. 중단하는 것은 생각지도 않다가 편하게 차를 타고 숙소로 돌아갈 수 있는 옵션이 주어졌다. 그 말을 들으니 몸이 저절로 멈춰졌다. 체크포인트7이 코앞이었고 대관령 일대 풍력발전을 하는 신재생 에너지에 못 미쳐서 72km 지점이었다. 체크포인트7까지만 가면 내리막이어서 회복하고 선자령을 넘어 100km를 완주할 수 있었다. 그러나 마음이 바뀔세라 얼른 대장님 차에 몸을 싣고 숙소로 돌아왔다. 그리고 대자로 뻗었다.

대회 날에 월경 셋째 날이었는데 병원에서 진료할 때부터 아주 심한 생리통이 있었다. 배가 너무 아파서 식은땀을 흘리기도 했다. 진료를 보다가 너무 힘들어서 잠시 중단했을 정도였다. 지난 20년간 진료하면서 몸이 아파서 진료를 멈추었다가 본 건 그날이 처음이자 마지막이다. 아무래도 생체리듬에 변동이 생기는 월경 기간에 100km 산악 달리기를 이어가기엔 피로감이 컸다.

새벽 6시부터 다음 날 새벽 2시까지 20시간 넘게 강원 일대 산자락을 오르내린 여정이 고되었고, 완주하지 못한 게 못내 긴 여운으로 남았다. 하지만 하루종일 산속을 달리며 태양과 한 줄기 바람을 오롯이 느꼈고, 몸과 마음, 그리고 정신이 맑아졌다. 언젠가 흙과 자연으로 돌아갈 내 몸이 지금은 이렇게 뛰고 있구나 싶어 감회가 새로웠다. 땅에 한 발씩 내디딜 때마다 아주 작은 존재가 크나큰 지구의 표면을 밟는 느낌이었다. 고요한 산속에 울려 퍼지는 타닥타닥 발걸음 소리가 땅에 전하는 두드림 같이 느껴졌다. 나뭇잎, 흙, 나무 등 나를 둘러싼 대자연이 때론 웅장하고 거대했지만 또 친밀하게 다가왔다. 땅과 하늘과 바람을 이렇게 진하게 느꼈던 적이 있었던가. 몸은 고되었지만 이전에 맛본 적 없고 또 누구도 가져갈 수 없는 완전한 나만의 경험이 되었다.

TNF 100K 28시간 제한 시간이 끝나고 시상식이 있었다. 남녀 5등까지 시상 대상이었는데 여자 선수는 완주자 6명 모두 상을 주었다. 험난한 코스에 완주한 열정과 노고를 모두가 공감하였기에 가능한 일이다.

레이스를 중도에서 멈춘 나는 아쉬움이 진하게 남았다. 중단하기 전까진 나도 7번째 여성 주자였다. 아마 운영진의 차가 뒤따라와서 레이스를 멈추고 차를 탈 기회가 주어지지 않았다면 체크포인트7까지 갔을 것이다. 거기서부터는 내리막길과 이후는 능선길이라 완주를 했을 것이다. 하지만 지나고 나서 보니 그렇게 생각되는 것이다.

레이스를 멈추고 숙소에 와서 쉬면서는 잘 중단했다고 생각했다. 더 갔으면 피로감과 후유증이 얼마나 컸을까 싶었다. 그런데 몇 시간 후 아침에 TNF 100K 완주 메달을 걸고 있는 러너들을 보니, 평상시 감흥 없이 받았던 완주 메달이 그렇게 값지게 느껴질 수 없었다. 완주 메달을 목에 건 사람들이 대견해 보이고 부러웠다.

TNF 100K DNFdo not finished, 중도 포기 후 아쉬움은 진하게 남았지만 후회는 없었다. 72km까지 지속된 고된 여정과 내 몸의 상태를 스스로 알고 이해한다. 그리고 숙소에 대자로 뻗었을 때 느낀 상대적 편안함과 밀려오던 피로감을 기억하고 알고 있다.

끝마치려던 일을 중도에 포기하고 나면 아쉬움이 있다. 마치고 나서 속 시원한 느낌과 반대되는 찝찝함이다. 당시에는 지속하기가 힘들어서 그만두었지만, 이후에 시간이 지나고 나면 '나도 해낼 수 있지 않았을까' 하는 아쉬움이 몰려온다. '왜 거기서 멈추었을까?' 부질없는 질문이 도돌이표처럼 맴돈다.

> "그때는 그 업무를 더 지속하면 기절할 거 같이 지쳐서 업무 변경을 요청했었죠. 부서 이동 직후에는 잘 옮겼다고 생각했어요. 그런데 지금 생각하면 그때 조금 더 참고 노력했으면 좋았겠다고 생각해요. 중도에 포기한 것 같고 완주하지 못한

기분이 들어요. 그리고 부서에서 저를 힘들게 했던 사람을 탓하게 돼요. 그 사람이 그렇게까지 몰아세우지 않았으면 끝까지 버티지 않았을까 싶은 마음이 들어요."

삶에 지쳐서 심리적 탈진 상태가 되어 진료실을 찾는 이들을 매일 만나고 있다. 고된 업무, 직장 상사, 동료와의 관계 등에 지쳐 부서 이동이나 휴직을 결정하고 나서도 '뭐가 맞는지 모르겠다', '지금 도망치듯 그만두면 나중에 후회할 것 같다'며 어려워하는 마음들을 듣는다.

당시에는 힘들어서 지속하지 못하고 포기했지만 지나고 보면 아쉬운 점과 보완할 점이 보인다. 하지만 그건 지나왔기 때문에 보이는 것이다. 당시엔 너무 힘들어서 참고 버틸 수 있는 길이 보이지 않았고 또 찾아보고 싶지도 않았다.

살면서 계획하고 목표했던 바를 이루지 못할 수 있다. 도중에 포기할 수도 있다. 그런데 중도 포기로 인해 아쉬움과 후회를 덜어내고자 한다면 멈추려고 할 때 스스로의 마음과 생각을 돌아봐야 한다.

"제 동기가 이번에 파트장이 되었어요. 지금 돌이켜 보면, 제가 작년에 힘들 때 좀 더 버티고 부서에 남아 있었으면 승진 할 수 있었겠구나 하고 아쉽긴 해요. 하지만 그때 저는 하루도 더 버틸 수 없는 상태였던 걸 기억해요. 건강검진에서 고혈압, 당뇨, 고지혈증 쓰리 콤보 결과를 받기도 했고요. 그래서 휴직을 했던 거고 쉬는 동안 운동하면서 건강을 회복할 수 있었거든요. 아쉽긴 해도 후회는 남지 않아요. 다 가질 순 없는 거잖아요."

'여기서 멈추려고 하는 이유는 무엇 때문일까?', '지금 멈추면 어떤 것을 잃게 되지?', '지금 참으려는 이유는?', '지속해서 얻는 것은 무엇이고, 그러려면 어떠한 것을 감내해야 할까?'

그렇게 나 스스로 이해해서 결정하고 멈춘다면 아쉬움은 있지만 후회나 미련은 남지 않는다.

하이원 스카이러닝

하이원리조트 운탄고도를 달리는 트레일러닝이다. 코스에 오르막 내리막 산길도 있지만 쭉 평탄하게 달리는 길이 포함되어 입문하기에 비교적 쉬운 트레일러닝 대회다.

트레일러닝 대회에는 규정들이 있다. 산에서 달리는 대회이다 보니 참가자들이 응급상황에 대처할 수 있도록 준비물을 지참해야 한다. 러닝백, 급수백, 보온할 수 있는 은박지, 새벽이나 야간 달리기가 필요한 경우에는 헤드랜턴 등도 챙겨야 한다. 또 5km마다 급수대가 있는 마라톤 대회와는 달리 급수를 할 수 있는 체크포인트 간격도 멀기 때문에 물과 간식 등도 필요하다.

2017년 6월 25일, 처음 개최된 하이원 스카이러닝에서 42K 종목 여성 주자 3번째로 들어왔다. 그런데 규정을 미처 인지하지 못하고 가방을 메지 않고 달렸다. 에너지젤은 주머니에 넣고 급수는 체크포인트에서만 해도 충분하다고 판단되어 가방을 숙소에 두고 대회에 나갔다. 그래서 3위로 들어오고 나서도 시상에서 실격되었는데, 어찌나 아쉽고 속상하던지 가방 없이 편하게 달리라고 했던 친구가 원망스럽기도 했다.

"내가 가방 메고 달린다고 했잖아. 왜 메지 말라고 해서…."

속상하거나 후회되는 상황에서 우리는 늘 남을 탓하고 외부 요인을 탓할 준비가 되어 있다. 내가 제대로 대회 규정을 확인했다면 누가 뭐라 해도 당연히 가방을 메고 달렸을 것이다. 누구를 원망하거나 탓할 필요가 없다.

그런데 사람은 어떤 문제에 대해서 자신의 실수나 잘못된 판단, 부족함을 인정하기보다는 외부에서 탓할 대상을 찾는다. 하지만 남 탓으로 돌리고 끝내버리면, 다음에 똑같은 상황을 마주하게 되었을 때도 남 탓부터 하게 된다. 그렇지 않으면 문제의 원인을 내가 책임져야 하는데 속상하고 불만족스럽기 때문이다.

수직 마라톤,
123층을 뛰어오른다고?

지금까지 참가해 본 대회 중 이색적인 경기로 계단을 뛰어오르는 수직 마라톤을 빼놓을 수가 없다.

수직 마라톤은 63빌딩에서 대회가 개최되어 왔다. 롯데월드타워가 생기고 처음 열린 2017년 4월 23일 스카이런 수직 마라톤에 참가했다. 롯데월드타워 1층에서 123층까지 총 2,917개의 계단을 오르는 국내 최고 높이의 수직 마라톤 대회다.

계단 훈련을 하면 근지구력이 강화되고 심폐기능이 단련된다. 마라톤을 시작한 이후 나에게 계단 훈련은 자세도 좋아지고 달릴 때 호흡이 트이는 효과가 있어 즐기게 되었다. 그래서 수직 마라톤이 반갑기도 하고, 123층을 뛰어오르는 건 도대체 어떤 경험이 될지 궁금해서 도전하게 되었다. 수직 마라톤 참가를 앞두고는 틈날 때마다 아파트 계단과 병원 계단을 뛰어오르며 연습했다. 가까운 산에 약 500개 정도 이어지는 계단을 뛰어오르기도 했다.

대회 당일 잠실역에서 롯데월드타워까지 가볍게 뛰었다. 3,000개 가까운 계단을 전력으로 뛰어오른다는 생각에 긴장이 되었는지 팔이 저린 느낌이었다. 시작할 때까지 두 계단씩 걸어 올라갈지, 뛰어 올라갈지 마음의 결정을 내리지 못했다.

드디어 출발하였는데 막상 실감이 나지 않다가 건물 안으로 들어가 비상계단 입구를 보니, 올 것이 왔구나 하는 느낌이 들었다. 우선 123층이란 중압감에 난간을 잡고 두 계단씩 걸어 올라가기로 했다. 앞선 사람을 추월할 때는 한 계단씩 뛰어오르고 다시 또 두 계단씩 걸어 올랐다.

처음 20층까지 3분대, 그다음 20층은 4분대 측정이 되었다. 60층쯤 오면서 절반은 왔다는 생각이 들었지만, 80층쯤에선가 숨이 너무 가빴다. 잠깐 계단에 엎드려서 숨을 고르고 다시 계단을 올랐다. 100층을 지나면서부터 내가 계단을 오르는지 계단이 나를 스쳐 지나가는지 무아지경이 되었다. 그러고 나서 120층부터 123층까지는 최선을 다해 뛰어올랐다. 그렇게 꼭대기 층에 올라서 피니시 라인을 밟고 벽에 기대어 숨을 골랐다. 피니시 라인에서 완주 사진도 찍어주는데 숨차서 일그러진 표정이 압권이었다. 기록은 27분대였다. 너무 숨이 차서 극한의 달리기였지만, 123층을 다 오르고 나서 스카이 전망대에서 서울 시내를 내려다보며 여유를 만끽할 수 있었다.

다음 해도 참가해서 23분대 기록을 얻었다. '모든 순간은 다 지나간다'는 자명한 진리를 다시금 체험하였다.

빗속 달리기

평상시에는 비를 맞을 일이 거의 없다. 비가 오는데 우산이 없으면 빌리거나 편의점에서 사거나 비를 피했다가 이동한다. 비를 맞으면서 달릴 일은 더욱 없다.

2016년 동아일보 주최 경주 마라톤 대회에서 시작 전부터 비가 내리기 시작하더니 달리는 내내 거의 비가 내렸다.

비를 맞으며 달리기를 해본 적이 있었던가? 발이 젖은 채로 장시간 달리게 되면 발바닥 피부가 불어서 까질 수 있다. 발바닥이 아프면 달리는 내내 고행이고, 옷이 젖어 무거운 데다가 빗방울이 눈에 들어가면 시야가 방해된다. 대회 전 워밍업 달리기를 할 때부터 비가 내리기 시작해서 4시간 가까이 비를 맞고 달리는 것에 망설여졌다. 그렇지만 달려 보기로 했다.

도로가 팬 곳은 물웅덩이로 변해 있었는데 달리다가 미처 피하지 못해 발이 제대로 빠져 버렸다. 처음엔 발이 젖지 않게 하려고 비가 고인 웅덩이를 조심조심 피해 달리다가 한번 젖고 나니 개의치 않고 달리게 되었다. 힘겹게 지키던 것을 놓아 버리니 오히려 자유로웠다. 그래, 어차피 다 젖었다. 어린아이처럼 신나기도 했다. 규칙을 깨뜨려 버리는 일탈이 이런 것일까. 마음에 가벼움이 일었다. 비를 맞으며 달리는 건 이런 기분이구나. 아마 경험하기 전에는 평생 몰랐겠지?

그렇게 처음 풀코스 마라톤 우중주를 경험했다. 이후로 2019년 보스턴 마라톤 우중주, 2023년 JTBC 우중주를 차례로 경험하게 되었다. 2023년 11월 JTBC 대회에서는 하프 이후로 장대비가 쏟아지는 데 빗방울에 맞아 살갗이 아플 정도였다. 처음엔 우중주가 반갑지 않았었는데 이제는 아주 자연스럽다.

요즘에는 목동 마라톤 교실에서 새벽 5시에 모여 달리기 훈련을 하고 있는데, 비가 온다고 훈련이 취소되지는 않는다. 한여름에는 새벽에도 열기가 식지 않아 무더위가 지속된다. 달리다가 비가 내리면 단비란 말이 절로 나오면서 반갑고 시원하다.

세계 6대 마라톤

모든 것은 나를 나아가게 하는 바탕이 된다. 달리기를 처음 시작할 때만 해도 다른 나라에 가서 마라톤 대회를 참가하는 건 생각지도 못했다. 그런데 마라톤을 한 해, 한 해 완주해 나가다 보니 보고 듣는 게 많아졌다.

평상시 혼자 달리기를 해오다가 2016년 서울 동아 마라톤을 앞두고는, 오픈케어 100일 프로젝트 훈련 첫 날을 함께하게 되었다. 사람들이 돌아가면서 서울 동아 마라톤 대회 목표를 말하는데, 3:30 기록을 달성해서 보스턴 마라톤에 나가는 게 목표라는 여성 러너의 포부를 듣게 되었다. 미국 보스턴 마라톤? 그런 것도 있구나 생각했나.

매년 4월에 미국 보스턴에서 열리는 마라톤 대회에 참가하려면 성별로 각 연령대의 기준기록을 만족해야 참가 신청을 할 수 있다고 했다. 지금이야 우리나라도 메이저 마라톤 대회를 참가하려면 선착순 접수 전쟁을 거쳐야 하지만 이때는 참가비를 내고 신청하면 되었다. 그런데 대회에 참가하고 싶으면 먼저 까다롭고 높은 기준기록을 통과해야 대회 참가비도 낼 수 있다니 거참, 희한하다 싶었다.

베를린 마라톤

마라톤에 대한 경험과 견문을 넓혀가며 세계 6대 마라톤 대회를 알게 되었다. 도쿄, 보스턴, 런던, 베를린, 시카고, 뉴욕 대회가 있고 6개 대회를 모두 완주하면 이를 인증하는 메달과 기록증을 부여한다.

2018년 9월 베를린 마라톤, 2019년 4월 보스턴 마라톤, 2023년 3월 도쿄 마라톤, 2023년 9월 시카고 마라톤, 2024년 4월 런던 마라톤을 완주하였다.

2017년 가을 춘천 마라톤 기록으로 2018년 베를린 마라톤 대회 참가를 신청하여 당첨되었다.

베를린 마라톤 대회는 세계 6대 마라톤답게 대회 규모와 운영이 그동안 참가한 국내 대회와 차원이 달랐다. 대회 전 방문한 엑스포도 흥미로웠다. 국내 대회는 배번과 완주 기념티 같은 기념품을 택배로 보내 주지만, 해외 마라톤 대회에서는 대회 전 열리는 엑스포에서 나누어 준다.

엑스포장에서는 동영상 등으로 대회 코스를 보여주고 코스 분석도 하고 각종 마라톤 대회를 홍보했다. 마라톤과 관련한 각종 운동 용품도 판매하고 있었다. 관련된 제품이 다양하고 많은 것을 보면서 그만큼 마라톤을 즐기는 사람들이 전 세계에 많다는 사실이 반갑고 흥미로웠다.

베를린 마라톤은 코스가 완만하고 대회가 열릴 때 기후도 대체로 좋은 편이다. 덕분에 선수들의 기록이 잘 나와 세계 신기록이 많이 나오는 대회로 유명하며, '기록의 산실'로 불려왔다. 2018년 대회에서도 케냐의 엘리우드 킵초케 선수가 2시간 1분 40초로 남자 마라톤 세계 신기록을 달성하였다.

시작할 때 기온은 선선하였고 구름 없이 해가 뜬 하늘이었다. 출발 후에는 살짝 덥기도 했다. 베를린 마라톤은 5만여 명이 참가하는 대회라 시작할 때부터 인파가 어마어마했다. 출발 전 스타트 구역에 대기하면서 나보다 20~30cm 이상 키가 큰 러너들이 이야기를 나누는데 각 나라의 언어들이 내 머리 위 하늘에서 울렸다. 말을 알아들을 순 없어도 모두들 한껏 들뜨고 흥분된 상태라는 걸 느낄 수 있었다. 언어도 문화도 다르지만 러너라는 이유로 통하고, 마라톤 하나로 공감되며 함께하는 경험은 새롭고 즐거웠다.

처음 시작할 때는 주자가 많아도 어느 정도 지나면 주로에 여유가 있을 줄 알았는데 그렇지 않았다. 스타트부터 피니시 지점 브란덴부르크 문을 통과할 때까지 내내 어마어마한 군중 속에서 달렸다. 처음 12km까지는 세계 각국 러너들에 휩쓸려 구름 위에서 달리는 듯했다.

주로 양옆 인파 속에서 끊임없이 이어지는 응원도 참 인상적이었는데 말은 달라도 그 에너지는 전해졌다. 베를린 마라톤에서는 유난히 밴드들의 연주 응원이 많았는데, 달리는 사람도 응원하는 관람객들도 함께 즐길 수 있었다.

약 5km 지점마다 물과 바나나, 비트 주스를 보급받고 27km 지점에는 에너지젤을 받을 수 있었다. 물과 음료는 봉사자들이 러너들에게 직접 건네며 응원해 주었다. 물과 음료 모두 재생 가능한 플라스틱 컵에 담겨 있었는데 물을 마시고 도로에 던진 컵이 밟히면서 찌그러지는 소리도 음악처럼 경쾌하였다. 누가 보면 흡사 난장판이라고 볼 수도 있겠지만 컵 부서지는 소리마저 축제에 울려 퍼지는 효과음 같았다. 수많은 러너가 지나가는 발자국 소리와 플라스틱 컵이 밟히며 나는 소리가 굉장하여 녹음해 두고 싶은 마음마저 들었다.

베를린에서 인상 깊었던 점은 나무 그늘이었다. 시내의 나무들이 크고 우람하다 보니 드넓게 그늘이 졌다. 해가 쨍쨍한 곳도 넉넉한 나무가 드리우고 있어서, 달리는 동안 더위가 식히는 느낌에 기분이 좋았다.

힘들어서 피니시 라인이 빨리 가까워지기를 기대했다. 그러면서도 남은 거리가 줄어들 때면 '내 인생의 베를린 마라톤이 끝을 향해 가는구나!' 아쉬운 마음도 들었다. 힘든 고비를 넘고 41km 구간을 지나니 드디어 브란덴부르크 문이 보였다. 문을 통과하면서 저절로 손이 번쩍 들렸다. 카메라 플래시 세례와 관람객의 환호를 받으며 피니시 라인을 밟았다.

'아이고, 장하다!'

보스턴 마라톤

베를린 마라톤을 다녀온 후 이듬해 봄, 2019년 4월 15일 123번째 미국 보스턴 마라톤 대회에 참가했다. 보스턴 마라톤 대회는 마라토너라면 인생에 한 번쯤 참가하고픈 꿈의 대회로 여겨진다.

보스턴 마라톤 대회를 참가하기 위해서는 공인된 마라톤 대회 완주 기록으로 연령대의 기준기록을 통과해서 신청하는 방법과 보스턴 육상 연맹에서 각국 여행사에 할당한 대회 참가권을 신청해서 참가하는 방법이 있다. 나는 2017년 가을 춘천 마라톤 기록으로 보스턴 마라톤 대회를 신청했다.

대회 날 아침 폭우가 내렸고 시작도 전에 신발이 다 젖어버렸다. 이른 아침부터 낯선 장소를 찾아가며 기다리는 동안 몸과 마음은 차갑게 긴장되었다. 신청부터 훈련까지 사실상 2년을 준비해 왔다. 지구 반대편까지 날아와서 장대비 속에 마라톤을 달릴 생각을 하니 걱정도 되고 실망스러운 마음도 들었다. 장대비 속에 물품을 맡기고 출발지로 이동하기 위해 대회 측에서 동원한 노란색 스쿨버스를 탔다. 보스턴 마라톤은 서에서 동으로 달리는 일직선 코스인데, 피니시 지점에서 버스가 러너들을 싣고 동에서 서로 달려 스타트 지점에 내려준다. 2시간 후 시작될 레이스를 생각하며 잠시 눈을 감았다. 뒷자리에 앉은 사람들이 나누는 대화가 귀에 들렸다. 한 시간여 버스를 타고 이동하는 내내 와글와글, 웅성웅성하는 매우 높은 음성이 가득했지만 하나도 시끄럽게 느껴지지 않았다. 참가자들의 신남과 설렘이 전해졌다.

폭우 속에 보스턴 마라톤을 달릴 생각에 모든 경험을 마주하며 나의 마음을 지켜보기로 한 결심을 잊고 있었다. 어떤 종류의 경험이든 좋고 나쁨은 없다. 살아가면서 겪는 모든 경험은 그저 나를 바라보게 하고, 나아가게 하는 바탕이 된다는 것이 문득 생각났다.

의식 세계라 할 수도 있고, 생각이라 할 수도 있는 어떤 문이 열리고 나니 분주하고 시끄럽던 마음이 고요해지고 맑아지는 걸 느꼈다. 지구 반대편을 날아와 얻은 게 있다면 이거구나! 이 느낌을 최대한 명확하게 잡아 레이스를 끌고 가기로 했다. 달리기가 시작되고 나서 힘들 때마다 아침에 버스 안에서 느낀 맑고 기뻤던 마음의 자리를 떠올리며 경쾌함 속에 환하게 완주할 수 있었다.

출발지에서 피니시에 이르는 거리까지 마라톤을 구경하고 응원하러 나온 시민들이 주로 양옆에 빼곡하게 자리했다. 함성을 외치며 오렌지, 물수건, 젤리를 러너들에게 건네기도 하고, 플라스틱 쓰레기통을 드럼처럼 치기도 했다. 아이들은 종을 울리기도 하고, 고사리 같은 손을 내밀어 하이파이브 인사를 했다. 개와 고양이까지 데리고 나와서 응원하는 모습을 보니 온 시민의 큰 축제 같았다. 스타트부터 피니시까지 온몸의 감각을 깨우는 듯한 함성이 끊임없이 이어졌다. 응원단이 러너를 보는 재미도 있겠지만 러너가 응원단을 구경하는 것도 흥미진진했다.

보스턴 마라톤에서 특히 인상 깊었던 점은 자원봉사자의 규모가 대회 참가자의 몇 배는 되어 보였다는 것이다. 대회 후 보스턴 마라톤 공식 홈페이지에는 마라톤 완주자에 대한 축하와 함께 자원봉사자들의 수고에도 감사를 전했다. 대회 참가자와 자원봉사자 모두 보스턴 마라톤 대회 주인공으로 격을 높였다. 마라톤 대회는 참가할 선수들이 있다고 해서 개최될 수 없다. 준비하는 주최측, 자원봉사자, 시민들, 이 대회를 흥미 있게 보고 즐기는 관람객의 균형이 맞아야 한다. 잘 운영되는 격조 높은 대회일수록 그 짜임과 상호작용이 탄탄하고, 서로에 대한 믿음과 진심을 바탕으로 제대로 소통되고 있었다.

전체 코스에서 절반 즈음 달리면 '키스 미Kiss me'로 유명한 웨슬리가 나온다. 웨슬리 여대생들이 70m 정도 되는 구간 동안 키스 미 피켓을 들고 열띤 응원을 한다. 내가 속한 출발 그룹은 여성 러너가 더 많아서인지 뽀뽀하는 러너는 보지 못했다. 대신 손바닥으로 다다다다 하이파이브 파도타기를 하는 신선한 즐거움을 경험하였다. 그것도 너무 오래 하니까 힘들어서 구간을 빠져나왔는데 대회 공식 사진사가 바닥에 누워 사진을 찍고 있었다. 아쉽게 카메라 포인트를 놓쳤다.

또 다른 보스턴 마라톤의 유명한 구간은 '하트 브레이크 힐Heart break hill'이다. 명칭에서 전해져 오는 느낌과 비교해서는 상대적으로 완만한 언덕이 두 개 이어져 있다. 큰 언덕 뒤에 조금 더 야트막한 언덕이 이어진다. 언덕을 오르기 전부터 오르는 내내 응원단의 열기와 함성이 대단하다. 그 구간을 지날 때는 좀 쑥스러울 정도로 엄지를 치켜세우며 장하다고 열띠게 응원해 준다. 러너들을 위해 얼음, 물, 게토레이 등을 챙겨 주고 잔디밭 호스를 끌어다가 시원하게 물도 뿌려 준다. '마라톤 하길 참 잘했네' 싶은 생각이 들 정도다.

언덕을 넘고 나니 '잘했다'고 쓰여진 아치 배너가 눈에 띄었다. 여기서부터는 "너는 하트 브레이크 힐도 지나온 대단한 사람이다" 격려하며 몇 마일 안 남았다고 목 터져라 응원한다. 지금 떠올려도 머리가 쭈뼛 설 정도로 대단한 에너지다.

언덕을 몇 개 넘어오니 좀 지치긴 했다. 그래도 인생에 처음이자 마지막일 보스턴 마라톤 대회를 아쉬움 없이 완주하고 싶었다. 힘들고 지친다고 느껴질 때 얼굴에 와닿는 시원한 바람과 비 온 뒤 공기가 참 신선했다. 한국을 떠나기 전 황사와 미세먼지로 시달린 터라 맑고 신선한 공기가 더욱 감사한 마음이었다. 20마일32km 넘어서면서부터는 남은 거리가 줄어드는 게 축제가 끝나가는 것처럼 아쉬웠다. 보통 다른 대회에서는 피로가 누적되어 가장 힘든 지점인데 말이다.

대회가 끝나고 시내를 관광하는데, 대회장 피니시 라인 가까운 빌딩에 초대형 포스터 글귀가 눈에 띄었다.

"너를 완주하게 하는 것은 무엇이니?"

나를 완주하게 하는 것은 달리는 내내 생각과 정신, 마음과 의식 세계를 바라보는 것이다. 달리는 동작 중에 마음이 고요해지면서 내면을 더 선명하게 관찰할 수 있다. 그러는 동안 완주에 이르게 된다. 또 달리기를 지속하는 이유이기도 하다.

도쿄 마라톤

2019년 보스턴 마라톤을 다녀오고 2020년 3월 1일 개최되는 도쿄 마라톤 대회에 당첨이 되었다. 하지만 대회를 앞두고 3주 전, 코로나19 확산으로 인해서 해외 러너의 참가를 제한하였다. 도쿄 마라톤 대회를 달리려고 겨울 동안 훈련을 해왔는데 뒤로 미루어져 버렸다. 1년 뒤에도 코로나19 상황은 여전해서 다시 2년 뒤 2023년 3월 6일로 대회가 연기되었다. 대회를 다시 준비해야 할 때마다 맥이 풀렸다. 그렇지만 코로나19로 단체 활동이 제한되고 대회가 열리지 않았던 기간 동안 도쿄 마라톤 대회는 달리기를 이어가는 끈이 되었다.

대회 날에도 코로나19 방역이 종료 선언되지 않은 시점이라 배번 픽업을 위한 엑스포 방문부터 마라톤 출발까지 검역이 다소 복잡했다. 도쿄 마라톤 대회 방역 앱의 안내에 따라 마라톤 당일 기준 일주일 전부터 체온을 입력하고 대회 참가 전 자가 코로나 검사를 두 번 해야 했다. 그 결과를 대회 당일 아침에 주최측에서 확인하고 출발 구역으로 입장하는 과정을 거쳤다.

도쿄 마라톤은 도쿄 도청에서 출발해서 도쿄 도심지를 동서남북으로 달리다가 도쿄역에서 끝나는 코스다. 출발 집결지 구역인 도쿄 도청은 동아일보 주최 서울 마라톤 출발지인 광화문광장처럼 광활한 구역이 아닌 협소한 도로였다. 주로가 붐비지 않게 그룹을 세분화하고, 출발 구역에서 스타트 라인으로 차례로 나누어 보냈다.

대회 날 아침 기온이 6도였는데 워밍업을 했음에도 출발지에서 기다리는 동안 체온이 떨어지고 추웠다. 다른 참가자들도 추워하는 모습이 역력했는데, 체중 조절과 운동으로 인해 지방도 별로 없어서 앞 사람 근육이 달달 떨리는 게 보였다. 전 세계에서 모인 각양각색의 러너들과 함께 추위를 공유하며 기다림에 지칠 무렵 울린 출발 총성이 어찌나 반가웠는지 모른다.

러너 물결에 갇혀서 1km를 통과할 때 5분 20초였다. 초반 레이스 페이스는 천천히 가져간다고 생각하고 있었지만 km당 4분 30초 전후로 운영하려고 계획했었다. 주로가 참가자들로 꽉 들어차서 추월해서 나갈 수 있는 공간이 없었다. 무리하게 뚫고 나가기보다는 그냥 러너 물결에 몸을 맡겼다. 2km 5분 페이스, 3km 지나면서 4분 40초대 페이스가 나왔다. 주변의 응원과 도심의 풍광을 무대로 주인공이 된 나를 만끽했다. 이렇게 달리려고 코로나 기간에도 지속해서 달려왔었다. 2020

년부터 2023년까지 무려 3년이나 미뤄지며 어렵게 준비된 도쿄 마라톤 밥상이 드디어 맛있게 차려졌다. 오롯이 즐기고 누려보기로 했다.

섬나라라 그런지 바람도 많이 불고 땀날 새가 없이 추웠다. 그래도 15km 지나니까 몸이 풀리면서 활짝 미소도 지어지고 좀 신나는 느낌이 났다. 응원하는 관람객들에게 미소를 발사하며 달려 나갔다. 지난가을 JTBC 서울 마라톤 때도 15km 지점인 광화문에 들어서면서 몸이 풀리고 기분이 좋아졌던 생각이 났다.

5km를 24분 19초, 10km를 47분 26초에 통과하였다. 계획했던 기록보다는 늦지만 몸의 느낌과 주로 상황에 맞추어 달리기를 지속했다. 그리고 후반에 러닝 페이스를 올릴 수 있도록 계획을 변경했다.

하프 지점을 1시간 38분에 통과하고 주로에 빈 공간이 생기면서 러닝 페이스를 올릴 수 있었다. 아무래도 코스를 숙지하지 못하다 보니 계속 아웃코스로 달리고 있었다. 또 주자들이 워낙 많아서 회전 방향이 보여도 인코스로 들어가기가 쉽지 않았다. 나중에 확인해 보니 무려 43.4km를 뛰었다. 마라톤 42.195km보다 1.2km를 더 뛴 격이다. 엄청나게 아웃코스로 돌았다.

도쿄 마라톤 코스는 몇몇 업힐 구간을 빼고는 대부분 내리막이다. 기록 내기 좋은 코스다. 엑스포에서 만난 도쿄 마라톤에 3번째 참가한다던 일본 남자 러너가 고속도로 코스라고 했던 생각이 났다. 그런데 내리막도 계속되니 다리에 충격이 누적되어 힘들었다. 오르막이 나오면 되레 반가웠다. 25km 지나면서는 '지난겨울 서브3 그룹과 훈련하며 km당 4분 15초 페이스로 20,000m도 달렸었다. '훈련해 온 나를 믿자!' 하고 페이스를 더 올렸다.

주로에서 "감바레!", "Keep going!", "대한민국 파이팅!", "KOREA!"가 들려온다. 보내주는 응원을 만끽하며 달려 나간다. 2020년 도쿄 마라톤 일정이 3월 1일로 예정되어 있어서 태극기 마크를 준비해 두었는데 대회가 연기되는 바람에 사용하지 못했었다. 이번 도쿄 마라톤을 달릴 때 경기복 상의 앞뒤로 태극기를 달고 달렸다.

조금씩 페이스를 올려 동반 주자들을 앞서 나가다 보니 35km에서 42km는 전반에 비해서 빠르게 거리가 줄어드는 느낌이었다. 36km 근방에서 마지막 유턴을 하고 나니 금방 42km가 되었고 195m밖에 남지 않았다. 195m를 40초쯤 주

파하며 피니시 라인을 밟았다. 3시간 15분 50초로 도쿄 마라톤을 완주했다.

피니시 구역에서 완주 후의 기쁨과 여유를 만끽하며 연이어 들어오는 참가자들을 바라보았다. 보통 휴대폰을 가지고 달리지 않지만, 도쿄 마라톤에서는 대회측에서 요청하는 코로나19 방역 앱 때문에 휴대폰을 가지고 달리게 되었고 덕분에 피니시 사진도 남길 수 있었다.

레이스를 마치고 나서도 다른 대회에 비해 상대적으로 몸이 피로하지 않았다. 인파에 갇혀서 15km까지 페이스를 낮추어 달리게 되면서 오히려 힘이 비축된 것 같았다.

도쿄 마라톤 2주 후에 서울 동아 마라톤도 참가했는데, 2주 만에 다시 달리는 게 무리가 되는 건 아닐까 내심 걱정이 있었다. 그런데 마음을 비우고 즐겁게 달려서 그런지 잘 달렸고 기록도 도쿄 때보다 5분 정도 단축되었다.

시카고 마라톤

2023년 가을 시카고 마라톤을 참가하였다. 이 대회에서 켈빈 킵툼이 2시간 35초로 세계 신기록을 세웠다. 인간이 마라톤을 2시간대에 달린 대역사의 현장에 함께 있었다.

30km 구간을 달리고 있을 때 대회 운영 지원자가 확성기로 "The World record! 2hours 35seconds!" 크게 외쳤고 참가자들은 "Wow", "Amazing" 감탄을 연발하였다. 킵툼의 엄청난 기록 달성에 소름이 돋을 정도로 경이로웠다.

2018년 베를린 마라톤에 참가할 당시 엘리우드 킵초게 선수가 세계 신기록으로 우승했었는데, 다시금 세계 신기록 달성 현장에 함께하게 되었다.

시카고 마라톤 대회에 참가하면서 나의 목표 기록은 싱글이었지만, 달성한 기록은 3시간 22분 31초다. 레이스 전날 월경이 시작되어 기량을 마음껏 발휘할 수 없어 많이 속상했다. 그러나 인생은 내 뜻대로, 내 맘대로 되지 않는 게 당연하다. 아쉬움을 내려놓으면 순리대로 흘러가게 된다. 월경은 이미 시작했고 정해진 레이스를 미룰 순 없다. 이에 맞춰서 경기 운영을 해야 한다.

대회장이 준비되는 북적북적한 모습부터, 대회가 끝나고 다시 썰물처럼 빠져나간 뒤의 적막함을 숙소 창문에서 볼 수 있었다.

대회 전후로 편안한 옷차림으로 슬리퍼를 끌고 호텔을 어슬렁거리는 엘리트 선수들을 볼 수 있었다. 세계 최고 선수들도 나와 다를 바 없는 모습에 미소가 지어졌다.

대회를 마친 저녁, 엘리베이터를 타려고 하다가 켈빈 킵툼 선수를 보았다. 같이 사진 찍자고 하고 싶은 마음이 순간 가슴에 가득 찼지만, 그의 고요함을 방해하고 싶지 않아 참았다. 그는 마라톤 2시간대 벽을 깰 선수로 기대를 모았다. 그런데 2024년 2월 안타까운 사고로 세상을 떠났고 별이 졌다.

런던 마라톤

2023년 9월 런던 마라톤 사무국에서 이메일을 받았다.

'2024년 4월 21일 런던 마라톤에 참가해 볼 의향이 있습니까. 당신이 런던 마라톤을 달리고 싶다면 특별하게 런던 마라톤 대회 참가 추첨 기회를 드리겠습니다.'

런던 마라톤은 세계 6대 마라톤 중에서도 참가 기회를 얻기가 가장 어려운 대회다.

2024년 런던 마라톤을 참가 신청한 적이 없어 의아했다. 런던 마라톤 대회에 참가하려면 대회측 공인 단체에 기부금을 내거나, 참가권 추첨에 당첨되거나, 대회측에서 지정한 여행사의 런던 마라톤 투어 패키지로 참가할 수 있다. 그리고 영국에 거주하고 있는 러너들은 대회 기준기록을 통과하면 신청할 수 있다.

런던 마라톤은 참가하고 싶어 하는 러너가 세계 각국에 많은데, 한 대회에 참가할 수 있는 인원은 한정되다 보니 참가권을 얻기가 쉽지 않다. 뜻하지 않게 선물 같은 기회가 주어졌다. 아마도 아시아인 중 여성 러너였고, 6대 메이저 마라톤 중 4개를 완주했기 때문이라 생각한다. 미주 유럽권 러너가 대부분인 대회에 다양성을 갖추기에도 적격이었을 것 같다. 또 잘은 모르지만 2023년 도쿄, 시카고 마라톤 대회에서의 기록이 영국 내 러너들에게 적용되는 대회 참가 기준기록을 만족하였던 점도 선정 기준에 작용했을 수 있다.

2024년 4월 21일 일요일에 개최되는 런던 마라톤을 참가하기 위해서, 비행기로 11,000km를 날아왔다. 서울에서 금요일 오후에 떠나 같은 날 오후 런던에 도착하였다. 지구 자전의 반대 방향으로 거슬러 오면서 시간이 멈춘 동안 공간 이동을 한 셈이다.

런던 마라톤은 템즈강 남쪽 그리니치공원 블랙히스에서 출발한다. 그리니치는 표준시의 기준이 되는 곳으로 여기에서 마라톤을 출발하다니 나름의 의미가 있다고 생각되었다. 그리니치 공원에서 시작해서 템즈강 남쪽에서 20km쯤 달리고 타워브릿지를 통해 템즈강을 건넌다. 그리고 나머지 후반 하프는 템즈강 북쪽에서 달리는데 버킹엄궁전 바로 앞 공원에서 마친다.

런던 마라톤에서는 도로 위에 최단 경로가 파란색 선으로 표시되어 있다. 속도가 빠른 러너는 파란 선을 중심으로 달리고, 상대적으로 느린 러너들은 파란 선 바깥으로 달린다. 또 걸어서 완주하는 사람들은 출발 구역이 따로 정해져 있는데 편안하게 관광하며 런던 마라톤 코스를 즐길 수 있다. 제한 시간은 8시간이다. 10시부터 11시까지 순차적으로 출발이 이루어지면서 런던 마라톤은 오후 7시에 끝난다.

드넓은 그리니치 공원에 러너들은 3그룹으로 나뉜다. 각자 다른 3개의 스타트 라인에서 출발하여 동쪽으로 3마일5km쯤 달린 뒤 북쪽 강둑으로 향하며 큰 길에서 합류하게 된다. 내가 출발한 구역은 사람들 몸매만 봐도 기록이 빠른 고수 러너들이 모여 있었다. 바람이 거세게 부는 날씨에도 싱글렛에 쇼츠 차림으로 출발을 기다리는 전 세계 러너들을 볼 수 있었고, 괜스레 으쓱해지는 기분이었다.

버저가 울리고 출발선을 향해 러너 물결이 움직이기 시작했다. 오전 10시쯤 출발해서 길 양옆에 단독 주택들이 자리한 마을을 지나는데, 마을 교회당에서 예배 시작을 알리는 청아한 종소리가 울렸다. 여운이 가슴 속에서 잔잔하게 퍼져나가며 출발 전 거센 바람에 차가워진 몸과 위축되었던 마음이 따뜻해지고 편안해지기 시작했다.

길 양편으로 줄지어 서서 느긋하고 잔잔하게 응원하는 주민들 모습이 평화로웠다. 집 마당 의자에 가족끼리 앉아서 편안하고 흥겹게 응원하는 기분 좋은 풍경에 나도 모르게 흐뭇한 미소가 지어졌다. 내 집 앞마당에서 세계 6대 마라톤을 구경할 수 있다니 집 안에 있을 순 없었겠다.

서브3 페이스 메이커가 이끄는 그룹이 앞에 있다가 멀어져갔다. 다시 3시간 5분 그룹이 지나가고, 3시간 10분 그룹이 차례로 내 앞을 지나갔다. 그룹이 지나갈 때마다 보폭을 맞추어 보고 그룹 후미에 붙기도 했다. 목표를 설정해서 달리는 러너들의 진지함이 느껴진다. 나는 처음부터 런던 마라톤은 즐기면서 적당히 뛸 계획이었기에 얼마간 따라가다가 다시 내 페이스로 돌아왔다.

선두 그룹이 지나가 버렸다. 템즈강변을 따라 달리는 동안 나의 오감은 가게에서 흘러나오는 음악과 응원단들의 연주, 맛있는 음식 냄새에 반응했다. 일요일 오전 11~12시경이라 그랬을까? 어디선가 소시지 굽는 냄새와 커피향이 바람결에 실려왔다. 런던 마라톤을 달리면서 이국적인 주로 풍경도 인상적이었지만 여러 가지 냄새들도 기억에 남는다. 커피 냄새, 바비큐 냄새, 라일락 향기 등 익숙한 냄새 외에도 호텔 로비에서 날법한 향기, 이름 모를 꽃향기, 도시에서 맡을 수 있는 특유의 냄새 등이 느껴졌다.

이국적인 냄새를 맡으며 시각장애인 러너가 달릴 때의 느낌을 생각하게 되었다. 시각적 정보가 제한되기 때문에 후각과 청각을 통해서, 각각의 대회 주로를 기억하게 될 것 같았다. 그리고 시각 정보를 제외한 냄새와 소리를 더욱 세밀하게 구분하고 느끼지 않을까 싶었다.

마침 주로에서 가이드 러너와 함께 한 시각장애인 여성 러너가 달려갔다. 그런데 이쯤 내가 km당 4분 20초 내외 페이스로 달려가고 있었다. 앞이 보이지 않는데 인파 속에서 진지하게 빠른 스피드로 달리는 그녀의 열정이 느껴졌다. 주변을 감상하며 달리고 있던 나도 좀 더 레이스에 집중해야 겠다는 마음이 들었다.

19km까지 템즈강 남쪽 강변을 따라 둥글게 돌아 서쪽으로 가다가, 강을 건너기 위해 북쪽을 향해 오른쪽으로 돌았다. 폭죽이 귀에서 터지듯 어마어마한 함성이 들렸고, 웅장하고 아름다운 타워브릿지가 눈앞에 나타났다. 여러 사진사가 곳곳에 자리하고 있었다. 내 앞의 러너가 응원하는 사람들을 향해 '안 들려' 하는 자세로 귀에 손을 가져다 댔더니, 스피커 볼륨을 올리는 것처럼 응원 함성이 점점 커져 하늘에 울려 퍼진다. 뒤따르는 다른 러너가 양손을 이용해 응원 함성을 지휘한다. 마라톤 대회가 축제 같았다.

캥거루 복장을 한 휠체어 러너, 몸통에 루빅큐브 모형을 끼워 입고 달리는 러너도 보였다. 응원 나온 사람들은 휠체어 주자가 지나갈 때마다 우렁찬 목소리와 큰 박수갈채를 보내 주었는데, 캥거루 복장을 한 휠체어 주자와 함께 지나가던 내 마음도 뭉클해졌다.

24마일38km 블랙프라이어스 지하도를 통과해서 나오는데, 지하도 끝에 찬란한 빛과 함께 응원 함성이 울려 퍼졌던 것이 인상적이었다. 깜깜하고 고요한 터널에서 어마어마한 함성이 퍼지는 밝은 광장으로 일시에 전환되면서 오감이 반응하였다.

레이스가 점점 막바지를 향해 갔다. 더욱 진지하게 레이스에 집중했다. 햇빛에 황금 장식이 반짝이며 빅벤이 눈앞에 나타났는데 경이로웠다. 빅벤, 웨스트민스터 궁을 지나 달리는 동작이 커지며 앞을 향해 내달렸다. 곧이어 버킹엄 궁전 앞을 지나며 드디어 피니시다.

휴대폰을 높이 들어 사진을 찍는 러너, 서로 마주 안고 우는 러너, 고통스럽게 바닥에 드러누워 숨을 몰아쉬는 러너 등 각양각색 주자들을 보면서 찬찬히 걷는다. 3시간 20분 이내에 런던 마라톤을 완주한 주자들이다.

너무 여유를 가지고 뛰었나? 레이스를 마치고 힘겨워하는 다른 주자들에 비해서 상대적으로 너무 멀쩡했다. 거센 바람은 레이스를 마쳤는데도 여전했다. 나누어 주는 보온용 호일 은박지는 바람에 날아가 체온을 보호할 수가 없었다. 가방에서 바람막이를 꺼내어 입었다. 역시 바람의 도시 런던이다.

가방에서 휴대폰을 꺼내 옆에 러너에게 완주 사진을 한 장 부탁하고는 바로 자리를 떴다.

런던 마라톤 대회 주로에서는 후원금을 기부한 단체 이름을 새긴 경기복을 맞춰 입거나, 홍보 배너를 경기복 뒤에 달고 있는 러너들이 많이 보였다. 대회 3분의 1쯤 달리다가 정신건강재단을 후원하는 참가자 그룹을 보게 되었다. 'We run for mental health 우리는 정신건강을 위해 달립니다'라고 마라톤 경기복 뒤에 새긴 글귀를 보는데, 문득 전공의 시절을 포함해서 정신과 의사로 20년 가까이 일해온 나 자신이 그동안 참 애써왔다는 생각이 들었다. 나를 격려하고 칭찬하게 되었다.

"자신을 칭찬하고 격려해 주세요. 스스로 칭찬할 수 없다면 남이 하는 격려와 칭찬도 믿기지 않아요. 오히려 '나 그렇게 훌륭하고 좋은 사람 아닌데'라고 움츠러들지요. 나 스스로에게 이야기해 주세요. '지금 이미 충분히 잘하고 있다', '나는 충분히 괜찮은 사람이다' 하면서 말이죠."

늘 내담자들에게 하는 말이 생각났다.

오늘은 그동안 수고에 대한 선물을 받았으니, 그대로 누려 보자.

PART 4

달리기 심리학

내일과 이어진 오늘

대회를 준비하거나 하루 운동 강도를 조절할 때 목표를 정하게 된다. 물론 따로 목표를 두지 않아도 몸과 마음은 현재보다 더 나은 방향으로 나아간다.

그렇지만 그룹으로 함께 달리는 훈련을 하게 되면 서로 맞출 수 있는 기준이 필요하다. 그래서 달리는 거리와 속도를 구체적으로 설정하게 된다. 자신이 소화할 수 있는 수준보다 목표를 높게 잡는 경우가 많다. 그런데 오늘 하루만 달리고 끝나는 것이 아니므로 지속해서 달릴 것을 염두에 두어야 한다. 한번은 버거운 스피드 훈련이나 장거리 달리기를 소화할 수 있을지도 모른다. 하지만 몸에 한계가 되는 운동이 누적되면 그 여파가 신체의 부상이나 심리적 피로감으로 연결된다. 때로는 슬럼프에 빠질 수도 있다.

목표를 설정할 때는 '풀코스 3시간 20분 기록으로 뛰고 싶어, 서브3 할 거야'에 앞서 자신의 능력과 특성, 그리고 현재의 컨디션을 파악해야 한다. 목표 달성 뒤 그동안 지친 몸과 마음을 회복하는 데 걸리는 시간까지 생각해야 한다. 욕심이 앞서기도 하고 두려움이 가로막을 수도 있다. 그럼에도 스스로의 생각과 마음을 집중해서 관찰할 수 있다면 맞춤형 목표 설정이 가능하다.

이 원리는 대회 기록에 대한 목표를 설정할 때뿐 아니라 평상시 달리기를 할 때도 적용된다. 개인적으로 평소 훈련보다는 약간 벅차지만 해 볼 만한 훈련 강도를 적용하려고 노력한다. 내일도, 모레도, 앞으로도 꾸준히 달릴 것이기에 몸과 마음에 남는 후유증까지 고려해 현명하게 강도를 맞추려 한다.

소리 내어 힘을 얻기

달리면서 숨차고 고될 때 "으아아아" 소리가 절로 나온다. 운동하다가 "아자!" 기합을 넣기도 하고 "할 수 있다!" 큰 목소리로 외치기도 한다.

두렵고 긴장되는 마음일 때 소리를 내지르거나 기합을 넣으면 몸과 마음이 위축되지 않고 에너지를 발산할 수 있다. 마치 전투에서 싸울 때 소리를 지르며 출전하는 것처럼 공포와 긴장감을 상쇄시킨다. 또 힘들고 버티기 어려울 때 "으아아아" 소리를 지르면서 포기하고 싶은 생각을 잊고 남아 있는 힘을 끌어모은다.

예로부터 우리 조상들도 모내기를 하거나, 길쌈을 하거나, 무거운 그물을 올릴 때 노동요를 부르며 고단함을 잠시 잊기도 했다. 박자를 맞추거나 소리를 내면서 흥을 돋아 지루하고 힘겨운 작업을 수월하게 할 수 있었다.

달리기를 할 때도 마찬가지다. 옆의 러너와 대화를 나누거나, 음악을 듣거나, 기합을 넣으며 힘듦을 잠시 잊고 긴장감을 낮출 수 있다.

매년 3월 동아일보사에서 주최하는 서울 국제 마라톤은 광화문에서 출발해 동대문을 돌아 나와 청계천을 왕복하고, 종각, 홍인지문, 신설동 오거리를 지난다. 그리고 하프 통과 후 24km쯤에서 신답지하차도를 통과해 달리게 된다.

지하차도로 내려가는 내리막 구간에서 상대적으로 숨이 편안해지고 달리기도 수월해진다. 그리고 지하차도에서 다시 지상으로 올라가는 오르막 구간은 조금 고되다. 많은 마라톤 참가자들이 신답지하차도를 지날 때 소리를 지르며 레이스 전반의 긴장과 피로를 풀어내고, 바로 이어질 오르막과 이후 후반 레이스를 지속할 힘을 얻는다.

2013년 3월, 처음 동아일보 서울 마라톤을 참가했을 때 신답지하차도에서 갑자기 앞 사람들이 하나가 되어 "으아아아" 소리를 질렀다. 나는 예상치 못했던 장면에 생경하면서도 반가운 마음이 들어서 함께 소리를 내질렀다. 긴장이 풀리며 몸이 가벼워졌다. 다른 사람들도 힘들지만 이겨내며 달리고 있다는 동질감에 감동받았다. 순간적인 힘에 언덕을 올라갈 때 짧은 순간이지만 경쾌하게 느껴졌다. 이후로도 매년 동아 서울 마라톤 대회에 참가하면서 하프를 지난 후 신답지하차도 내리막 이후 오르막길이 긴장도 되지만, 이 구간에서 함성을 지르는 순간이 기대된다.

마라톤 대회 중 함성 구간이나 샤우팅 코스는 가을에 개최되는 조선일보 춘천 국제 마라톤 대회에도 있다. 춘천 마라톤 대회에서는 의암호 신연교를 지나 8km 구간 터널에서 함성을 지르는 게 일종의 전통이자 의식으로 자리 잡혔다.

공지천 인조잔디구장을 출발해서 의암댐과 춘천댐 사이의 의암호 둘레를 달리는 춘천 마라톤은 유난히 업힐 구간이 많고 힘이 든다. 터널을 통과하며 수백 명의 러너와 함께 소리를 지른다. "아아아아", "가자", "파이팅" 함성을 지르면 그 소리가 터널 안에 장엄하게 울려 퍼진다. 공명으로 인한 에너지에 마음이 열리고 긴장으로 경직되었던 몸도 점점 풀린다.

보스턴 마라톤에는 20마일과 21마일 사이32~34km 유명한 '하트 브레이크 힐heart break hill'이 있다. 마라토너들이 앞선 거리를 달려오느라 에너지원이 고갈되어 힘든 구간이기도 하다. 언덕을 올라야 하기에 숨차고 고된 구간이라 하여 하트 브레이크 힐이라는 별명이 붙었다.

이봉주 선수가 이 구간을 통과할 때 소리를 지르며 힘을 얻었다는 이야기를 들은 적이 있다. 이봉주 선수는 2001년 4월 16일 제105회 미국 보스턴 마라톤을 2시간 9분 43초 기록으로 1위를 했다. 한국인으로는 1947년 서윤복 선수, 1950년 함기용 선수에 이어 세 번째로 보스턴 마라톤을 제패하였다.

진료실에서 "나는 잘하고 있다, 나는 충분히 괜찮은 사람이다"라는 말을 소리 내어 함께 해보는 것으로도 많은 이들이 눈물을 흘린다. 내가 나를 인정할 때, 그리고 소리를 내어 인정할 때 위축되고 서러웠던 마음이 풀리며 눈물이 난다.

그런데 혼자서 하다 보면 어색하고 오글거려서 입 밖으로 "나는 잘하고 있다. 나는 괜찮은 사람이다"라고 내뱉기 어렵다. 스스로 목소리를 내어 말해 보면 마음속으로 '정말 그럴까? 나는 그렇게 괜찮은 사람이 아닌데', '내가 그런 말을 하고

들을 자격이 있을까?' 하는 생각이 따라온다.

스스로를 칭찬하고 인정할 때 따라오는 반문과 의문, 혹은 어색함은 어떤 것 때문일까? 나는 그렇게 괜찮은 사람이 아니라는 생각에 위축된다. 그러면 내가 생각하는 '괜찮은 사람'의 기준은 무엇일까? 너그럽고 인정도 많아야 할 것 같다. 외모와 능력은 물론이고 친구도 많고 가족도 화목해야 할 것 같다. 그런데 그 기준은 누군가와 비교한 나의 상태를 평가한 기준이다. 존재 자체로 고유한 나의 가치가 아니라 주변의 다른 누군가와 비교되어 상대적으로 매겨지는 가치다.

나는 나만의 존재 자체로 충분한 가치가 있고 아름답다. 그리고 상대방도 그 자체로 고유하고 괜찮은 존재다. 스스로 "괜찮다", "잘하고 있다", "나는 충분히 아름답다"고 또박또박 소리를 내어 스스로에게 말하자. 달리기의 기합처럼 스스로에게 한 말이 소리 에너지로 마음과 뇌에 입력되어 힘을 발휘할 것이다. 소리를 내어 말하면 내가 한 말이 귀로 들어와 소리 자극으로 뇌에 입력되면서 다시 한 번 인식되는 효과가 있다. 소리는 파동, 즉 진동 에너지이며 긍정하는 소리가 뇌에 신호를 주어 마음에도 힘을 준다.

현재에 집중하기

"현재에 집중하고 즐기라고 하는데 저는 그게 어려워요. 지난 주말에 아내와 함께 모처럼 밥을 먹는데 제가 그 시간을 온전히 즐기지 못하고 있더라고요. '커피를 마시러 가자고 하면 어디로 가지?', '집에 가는 데 얼마나 걸릴까?' 등 생각이 꼬리를 물고 있었어요. 그러지 말아야지 하면서 평상시 명상도 해보고 일부러 의식하지만 어렵기만 해요."

많은 사람이 현재에 집중하지 못한다. 달리면서도 그런 경우가 많다. 사람들은 달리기를 하면서 무슨 생각을 할까?

"아, 끝나려면 아직 멀었네. 50 바퀴 중 이제 8바퀴 달렸네. 아직도 42바퀴나 남았어."

"숨차 죽겠네. 지금도 이렇게 힘든데 대회 때는 얼마나 더 힘들려나."

"끝나고 시원하게 맥주 마셔야지!"

업무를 하면서 동시에 여러 가지를 처리해야 하는 상황이 주어진다. 그러나 우리의 뇌는 멀티태스킹에 적합하지 않다.

뇌는 한순간에 한 가지 작업만 처리할 수 있다. A와 B를 한 번에 한다고 느껴도 결국 A를 처리하고 그다음 순간에 B를 처리하는 것이다. 짧은 시간에 A와 B를 연속해서 하는 것을 동시에 처리한다고 인지할 뿐이다. 우리는 한 번에 하나씩 집중하고 작업할 수 있다. 한 가지만 생각하면 잡념이 들지 않는다.

"회사에서 운영하는 어학 교육 과정을 이수하는 동안 연수원에 있었어요. 연수원에서 지내는 두 달 동안 쉬운 건 아니었지만 '영어 점수만 목표 이상으로 받자'는 한 가지만 생각하며 공부했더니 잡념이 들지 않아 훨씬 편안했어요. 잠도 잘 자고 머리도 아프지 않더라고요. 업무를 하는 중에는 유관 부서에서 요청이 들어오면 먼저 처리해 줘야 하니, 자연스럽게 제가 하고 있던 일이 미뤄져요. 어느 하나도 마무리하지 못한 채로 머릿속에 해야 할 일과 대응해야 할 일들이 가득 차게 돼요. 업무에 복귀하고 나니까 다시 예전으로 돌아갈 것 같아서 심란해요."

주어진 일을 모두 처리해야 한다는 압박과 초조함이 마음을 짓누르면 가슴이 갑갑하고 숨이 자연스럽게 쉬어지지 않는다. 정해진 시간 내에 일을 다 해내지 못할 수도 있지만 괜찮다. 그럴 수 있다. 스스로 마음을 안심시키고 진정시켜 보자.

어학 교육을 받을 때 한 가지만 집중하고 몰두했던 것처럼 지금 이 순간에 하나만 집중해 보자. 현재에 집중하는 좋은 연습 방법은 호흡을 관찰하는 것이다. 숨을 크게 들이쉬고 내쉬면서 들숨과 날숨을 주시해 보자. 공기가 들어오고 나가고 다시 공기가 들어오고 나가는 느낌을 관찰하다 보면 어느새 한 발 물러서 진다.

주어진 일 중 먼저 해야 할 일을 선택해 하나씩 처리하자. 우선순위에 맞추어 한가지씩 할 수 있는 데까지 해결해 보자. 완전히 마무리하지 못하고 다른 일로 넘어가야 하는 일도 생길 수 있다. 지금 여기에서 한 번에 하나씩만 생각하면 된다.

달리기를 하면서 '42.195km 중 이제 겨우 10km밖에 안 왔는데 나머지는 어떻게 뛰지?', '숨차서 힘들지 않을까?', '힘이 빠져서 페이스가 느려지면 어떻게 하지?' 등 잡념과 불안에 사로잡히면 온전하게 기량을 발휘할 수 없다. '앞으로 6km 남았네' 남은 거리에 몰두하거나 '아 끝까지 할 수 있을까' 내가 해낼 수 있는지 없는지 의심하고 있으면 마라톤 완주가 벌칙처럼 느껴진다.

힘들고 고통스럽다는 느낌이 조명되면 '고통이 계속되는 건 아니다. 지나가면 나아진다'는 스스로에 대한 믿음이 마음에 자리 잡기 어렵다. 달리기를 멈추거나 몸에 힘이 빠지면서 속도가 점점 느려진다. '끝까지 해낼 수 있을까? 지금도 이렇게 힘든데 앞으로 얼마나 더 힘들까?' 하는 생각으로만 마음속이 꽉 차게 된다.

그러나 달리고 있는 현재의 느낌에 집중하고 몰입하고 있으면 상대적으로 힘들지가 않다. 정확히 말하면 힘이 들긴 하지만 멈추지 않고 유지할 수 있다. 달리면서 숨이 차고 힘이 들 때 고비를 넘기는 방법은 불신과 불안을 멈추는 것이다.

불안을 멈추는 방법은 신체에 느껴지는 감각을 주시하는 것이다. 예를 들어 호흡이나 왼발과 오른발을 차례로 공중에 띄웠다가 땅에 닿았다가 반복되는 느낌에 집중한다. 왼팔과 오른팔이 앞뒤로 움직이는 자세도 들여다본다. 그렇게 오롯이 신체 느낌을 관찰하고 있으면 다른 생각이 쉽게 끼어들지 않는다.

호흡을 다듬고 발이 땅에 디뎌질 때 리듬에 집중하면 마음이 고요해지는 걸 느낄 수 있다. 때로는 함께 달리고 있는 사람과 대화를 나누면 생각보다 덜 힘들고 거리도 금방 줄어드는 느낌이다. 대화하면서 숨이 차고 고통스러운 느낌이 상대적으로 희석되고 경감되기 때문이다. 그렇게 한 발 한 발 내딛다 보면 어느덧 10km, 20km, 30km를 달리고 끝내는 42.195km에 도달하게 된다.

이미 거슬릴 준비가 되어 있다

지난겨울 간밤에 눈이 많이 내려 운동장 트랙에도 꽤 쌓였다. 아파트 헬스장 트레드밀에서 달리기를 하였다. 운동하는 사람이 아무도 없어 조용했다.

6km/h에서 시작해 1분마다 0.5km/h씩 속도를 올려 15km/h까지 달리면서 호흡을 틔웠다. 그리고 14.4km/h에서 5km 이렇게 달리기를 두 세트하고 마지막 세 번째 세트를 달리고 있을 때다.

"아이! 시끄러워!"

언제 오셨는지 옆에서 걷기 운동을 하던 할아버지께서 신경질 내는 소리가 들렸다. 트레드밀에서 빠른 속도로 달리면 탕탕탕탕 하는 소리가 크게 들린다. 그리고 바닥 소재가 카본인 레이스용 러닝화는 착지할 때 바닥 때리는 소리가 좀 더 크다. 트레드밀에서 내려와서 시끄럽다고 소리친 분께 갔다.

"죄송합니다. 시끄러우셨죠."

"운동하는 건 좋은데 여러 사람 있는 데서 그렇게 시끄러우면 되겠어요?"

"맞습니다. 제 신발이 바닥에 닿을 때 소리가 좀 커요. 죄송합니다."

"알았어요. 가서 운동해요."

트레드밀로 돌아와서 마지막 세트를 마쳤다. 신발을 벗고 맨발로 쿨다운 러닝을 하는데, 쿵쿵 하는 소리가 들리지 않으니 내가 느껴도 상대적으로 조용하다.

"기분은 좀 나아진 것 같아요. 이전에는 사람들을 만나는 것도 꺼려졌는데 이제는 그렇지 않아요. 그런데 주변에 소리가 크게 들리면 좀 더 민감하게 반응하는 것 같아요. 옆 사람의 키보드 소리, 마우스 소리 등이 한 번 귀에 꽂히면 일에 집중이 잘 안 돼요."

"지금 제가 키보드 치는 소리는 어떤 거 같아요?"

"괜찮아요."

"그런데 이제 일하러 돌아가셔서 옆에서 누가 전화 통화를 큰 목소리고 한다든지 혹은 키보드 소리가 크게 들린다고 하면 어떨 것 같으세요?"

"시끄럽다고 느낄 것 같아요."

"이 정도 소리는 조용하다, 이렇게 큰 소리는 소음이다. 이미 마음에 경계가 정해져 있어요. 그래서 지금은 소리가 크게 들리지 않지만 어떤 크기 이상의 소리가 옆에서 들리면 '시끄럽다'고 반응할 준비가 되어 있다고 할 수 있어요. 어떻게 생각되세요?"

"맞아요. 그래서 신경을 안 쓰려고 노력해요."

"그런데 소리가 시끄럽다고 인식하면서 마음속으로 어떤 평가도 같이 하게 되거든요. 소리가 시끄럽다고 들릴 때 마음에 어떤 생각이 들었나요?"

"자기 혼자 일하나? 옆 사람에 대한 배려도 없나? 혹시 나한테 화가 났나? 그런 생각이 들었죠."

"그래요. 사무실에서는 소리를 내더라도 주변 사람을 배려해서 어느 정도 수준을 넘지 말아야 한다는 생각이 있지요. 각자 정도의 차이는 있을 수 있지만 마음 안에 기준을 가지고 있거든요. 환경이나 상황에 따라 내가 생각하는 소음의 허용 범위가 있어요."

소음은 저 소리가 시끄러운 것도 맞지만 내 귀에 시끄러운 것이다. 진료를 하면서 소음에 대한 스트레스 특히 아파트 층간 소음으로 힘들어하는 이들을 자주 만난다. 윗집에서 아이들이 쿵쿵거리고 뛰어다니는 소리, 방문이 쾅 닫히는 소리를 들으면 '저 집은 아이들이 저렇게 뛰는데 엄마 아빠는 그냥 두나. 집이 놀이터인 줄 아나' 하는 마음이 든다.

헬스장에서도 '공공장소에서는 조용히 해야 한다'는 생각이 작용한다. 가령 공사장에서 소음이 난다고 해서 지나가는 사람이 "조용히 합시다"라고 말하지 않는다. 공공장소에서 허용되는 소음의 기준은 차이가 조금씩 있지만 각자 마음 안에 어떤 기준이 있다.

'이건 예의가 아닌데 다른 사람에 대한 배려도 없나?' 생각하면서 여러 사람이 있는 장소에서는 조용히 해야 한다는 관념이 있기 때문에 이미 시끄럽게 들릴 준비가 되어 있다.

대화가
안 통해요

마라톤 훈련을 하면서 같은 프로그램으로 함께 달리고 있는 사람들은 앞뒤 설명하지 않아도 금방 대화가 되고 공유가 쉽다. 그런데 그렇지 않은 관계에서는 처음부터 자세하게 설명하고 바탕에 대한 이해를 해두고 나서 대화를 나눌 수 있다.

"오늘은 300, 100 열 세트입니다. 63초, 70초로 갑니다."

운동장 트랙 1레인은 한 바퀴에 400m로 되어 있다. 1레인에서 300m를 63초 질주하고 나서 100m를 70초 동안 회복하며 달리는 것을 10번 반복하는 인터벌 훈련을 하겠다는 말이다. 훈련을 같이 해온 사람들은 자세히 설명하지 않아도 모두 이해할 수 있다.

"워밍업 5km 하고 70% 5km 80% 5km 갑니다."

매일 같은 목표로 달리기를 함께하는 사람들은 이 말을 듣고 어떤 강도의 훈련인지 안다. 대회 페이스가 km당 4분 10초니까, 워밍업을 하고 km당 4분 40초 페이스로 5km 달리고 나서 km당 4분 30초 페이스로 5km 달리면 된다는 걸 바로 이해한다.

부부 사이 혹은 부모와 자녀 사이에 대화가 단절되는 이유 중 하나는 처음부터 설명하고 대화를 나누느니 귀찮아져서 아예 대화를 시작하지 않는 것이다. 대화를 나눌 때 기본 바탕을 공유하고 변동되는 점도 늘 반영되어 있을 때는 소통이 쉽다. 서로를 이해시키기 위해서 많은 노력을 기울이지 않아도 통하기 때문이다. 하지만 그렇지 않을 때는 하나하나 설명하며 대화를 풀어가야 하므로 어려움이 따른다.

"수민아, 오늘 학교 어땠어?"

"그냥."

엄마에게 '내 친구 소현이라고 원래 친하게 지내던 사이인데, 소현이가 오늘 지연이라는 다른 친구랑만 이야기하고 쉬는 시간에도 둘만 같이 있어서 서운하고 속상했어'라고 자세하게 말하고 싶지 않다.

또 말해봤자 엄마는 '그럴 때도 있지. 학교에 가서는 공부에 집중해야지. 뭐 그런 사소한 거로 속상해하니. 공부는 제대로 했니?' 하면서 내 마음은 몰라줄 게 뻔하다. 엄마를 이해시키려면 친구와 그동안 어떤 관계였는지 어떤 일들이 있었는지 하나하나 말해야 한다.

그런데 대화와 소통에는 중요한 요소가 작용한다. 바로 대화를 나누려고 하는 상대에 대해 이미 쌓여 있는 감정이다.

부부나 남녀 간의 대화에 대한 코치는 책이나 방송에서 많이 접할 수 있다. 가령 "여보 이 옷 어때?"라고 아내가 묻는다면, "내가 보기엔 괜찮은데, 당신 눈에는 어때?"라고 다시 질문하거나, "당신은 분홍색보다 자주색이 잘 어울리는데"라고 구체적인 조언을 해야 한다고도 한다. 때로는 가만히 들어만 주라고 코칭하기도 한다. 그러나 이미 갈등이 누적된 사이에는 어떠한 기가 막힌 대화법도 적용할 수가 없다. 지나온 시간

동안 쌓인 감정으로 인해 객관적으로도 긍정적인 감정으로도 응답할 수가 없게 한다.

"이 옷 어때? 내가 보기에는 괜찮은데 당신이 보기에는 어때?"

'어차피 내 의견은 듣지도 않을 거면서', '저 사람은 원래 도움이 안 되는데' 하는 불신의 마음이 누적되어 이상적인 대화보다 퉁명스러운 말과 감정이 먼저 튀어나온다.

"아휴, 잘 어울려."

"아니, 좀 제대로 보고 말을 해봐."

"어울려. 예뻐."

"그렇게 성의 없게 답하지 말고."

"아니, 어울리냐고 물어봐서 잘 어울린다고 말했잖아. 도대체 뭐가 불만이야. 이럴 거면 나 데리고 나오지 말고 당신 혼자 쇼핑해."

남편에게는 살아온 세월 동안 아내가 옷을 골라도 늘 한 번에 고르는 적이 없고, 이 옷 저 옷 망설이다가 하루 종일 쇼핑몰에서 시달린 기억들이 많다.

퇴근하고 돌아오면 수고했다며 반갑게 맞아주기보다는 양말을 아무렇게나 벗어놨다고 핀잔하기 바쁘다. 혹은 텔레비전 좀 그만 보고 운동이라도 하라는 잔소리에 마음이 찌푸려졌던 기억이 누적되어 있다. 이미 부정적 감정이 쌓여 있어 아내가 원하는 대로 대답하려는 마음이 전혀 없다.

한 가지 더 대화에 무엇보다 중요한 게 있다. 친구, 가족, 직장 동료와 대화를 잘 하려면 자신과의 대화가 먼저 이루어져야 한다. 대화는 보통 상황을 가지고 이야기하게 된다. 그렇지만 상대와의 소통에 필요한 것은 상황에서 일어난 내 마음에 대한 이해이다.

수헌 씨는 아들 공부를 봐주면서 대화하다가 가슴이 답답해졌다.

"충분히 풀 수 있는 문제인데 일단 한번 해봐."

"아니야, 어려워, 못 해."

"어렵다고 피하기만 하면 어떻게 하니. 할 수 있다니까. 한번 풀어봐."

"아빠가 나야? 아빠가 날 어떻게 알아?"

"어휴~ 너 알아서 해라."

아들과 대화를 잘 나누려면 먼저 수헌 씨 자신의 생각과 판단에 의문을 품어야 한다. 자신의 생각과 마음을 먼저 이해해야 한다.

'나는 왜 인규가 충분히 풀 수 있는 문제라고 판단할까?', '내가 같은 학년일 때 풀 수 있었으니까?', '도전해 볼 수 있다는 생각이 드나?', '얘는 왜 어렵다고 피하려고만 할까?', '나는 학생 때 문제가 어려워서 풀기 어려울 때 어떤 마음이 들었지?'

생각을 이렇게 해보고 저렇게 해봐도 어떻게 풀어야 할지 가늠이 안 되면 갑갑하고 한숨이 나왔었다. 또 시험을 보다가 안 풀리는 한 문제에 시간을 끌다가 다음 문제들을 풀 시간이 부족해서 마음 졸이고 초조했던 적이 있다. 수업시간에 칠판 앞으로 불려 나와 혼자서 문제를 풀어야 할 때 틀리거나 풀이 과정을 못 쓰면 '선생님이 나를 어떻게 평가할까? 이런 문제도 못 풀면 친구들이 나를 어떻게 바라볼까?' 하고 주변의 평가에 걱정되었던 적도 있었다.

나의 마음에 대해 이해되면 아들의 마음과 상황이 이해되어 대화를 이어갈 수 있다.

"인규야, 문제 풀기가 어렵다고 느껴져?"

"네."

"아빠도 학생 때 어려운 문제는 피하고 싶었어. 문제를 못 푸는 것도 속상하고 선생님한테 좋은 평가를 못 받을까 봐 걱정되고 그랬어. 인규 마음은 어떠니?"

"이전 문제는 금방 풀렸는데 이건 생각을 더 많이 해야 해서 시간이 많이 걸릴 것 같아요. 그런데 빨리 풀고 쉬고 싶은 마음이었어요."

"그런 마음이었구나. 이해되네. 그럼 이 문제는 쉬었다가 풀까?"

희원 씨는 파트장과 대화하는 게 너무 어렵다. 자신의 의견과 입장을 자신 있게 말하기가 어려워서 입을 다물게 된다. 파트장이 사무실에 함께 있으면 또 무엇을 물어볼까 걱정되어 마음이 편하지가 않다. 파트장이 휴가를 가거나 외근을 나가면 좀 편하다. 부서를 옮기고 싶지만 다른 부서에 옮겨서 새 업무를 익히고 적응하는 것에 엄두가 나지 않는다.

목표보다 매출이 적게 나온 경우 파트장이 "숫자가 왜 이래요?", "원인이 뭐예요?" 물을 것이다. 매출 목표를 산출한 과정에 대한 배경과 이유를 설명하고 싶지만 내가 뭘 잘못한 것처럼 파트장이 추궁하는 것 같아서 말을 하려다가도 목이 콱 막히고 가슴이 갑갑해진다.

산출 과정을 설명하면 파트장은 "그렇다고 이렇게밖에 안 나와요? 확실해요?"라고 말할 게 뻔하다. 파트장이 그렇게 말하면 자신감이 사라져 버린다. 분명 내 편에서는 맞게 했지만 '내가 계산한 게 맞나, 그 과정이 합리적인가' 싶어서 말문이 막힌다.

희원 씨가 파트장에게 자신감 있게 보고하려면 스스로 자신의 마음을 읽고 대화를 나누어야 한다. 내가 답을 하면 파트장이 "확실해요?"라고 되물을 텐데, 어디까지나 예측이기 때문에 스스로도 확실하게 맞다고 할 수는 없다. 그리고 향후 매출 목표를 달성하지 못하면 후에 파트장은 또 "지난번에 매출 목표보다 실제 매출 결과가 낮게 나왔는데 어떤 것 때문이에요?"라고 물을 것이다.

마치 나에게 매출에 대한 책임을 묻는 것 같아서 부담된다. 그리고 그런 대화와 피드백이 꼭 내가 업무 능력이 부족하다고 지적받는 것 같은 마음이 든다. 파트장은 나를 탓하려고 묻는 것일까? 내가 계산한 목표가 틀렸다고 추궁하는 것일까? 혹은 내가 무능력하다고 하는 것일까?

파트장의 입장이 되어 볼까? 파트장으로서 부서원 업무의 확인과 관리를 해야 한다. 그리고 다른 동료가 매출 목표를 예측할 때는 어떻게 하는지도 생각해 보자. 비슷한 프로그램을 쓰고 비슷하게 예측할 것 같다. 파트장은 그에게도 똑같은 질문을 할까? 그럴 것이다.

파트장은 나만 나무라고 몰아세워서 책임을 지우려고 질문하는 게 아닐 수 있다. 파트장 입장에서 윗선에 보고하기 전에 확인하려고 하는 일상적인 절차와 질문일 것이다. 내가 이렇게까지 위축될 일은 아니다.

희원 씨가 파트장과 담담하게 업무적 대화를 나누기 위해서는, 먼저 자신의 감정과 생각을 읽고 스스로 질문하여 내 안의 답을 얻어야 한다. 내 마음을 살펴 이해하면 파트장 앞에서 자신감 있게 말해야겠다고 결정하고 실행해 볼 수 있다. 앞으로 파트장이 말을 걸어올 때 가슴이 막히지 않고 좀 더 수월하게 대화할 수 있을 것이다.

달리기의
치료적 효과

동적 명상

달릴 때 특히 좋은 점은 머리에 상쾌한 느낌이 드는 것이다. 실내에서 달리더라도 보통 음악을 듣거나 영상을 보지 않는다. 달리면서 몸의 느낌을 인지하고 마음에 일어나는 생각을 읽는다.

나에게 있어 달리기는 기도이고 명상이다. 가만히 앉아서 호흡을 알아채고 마음을 읽는 좌선 명상이 정적인 것에 비해 달리기는 몸의 움직임을 통해 마음의 생각을 읽는 동적 명상이 된다.

나는 매일 달리면서 정신이 명료해지는 효과를 누린다. 가볍게 달리면서 기분을 전환하고 안정을 취하기도 한다. 그리고 숨이 차서 멈추고 싶을 때 힘들다고 말하는 나를 관찰하면서, 한 호흡 한 호흡 깊게 들이쉬고 깊게 내쉰다. 한 발자국 한 발자국에 집중하고 있으면 힘든 게 지나간다. 그렇게 두어 번 지나가면 또 언제 힘들었나 싶을 정도로 더 가볍고 자연스럽게 달려지곤 한다.

고비라고 생각되는 순간 자신을 관찰하여 마음을 다스리고 몸을 단련하며 스스로에 대한 믿음을 확인하다. 이렇게 하루를 시작하면 내가 원하는 상태의 나로 온전한 하루를 보낼 수 있다. 진료를 볼 때, 가족들을 대할 때, 또 지금처럼 글을 쓸 때 힘들어도 참고 견딜 수 있다.

마라톤을 완주하면 마음이 고요해진다. 사찰에서 108배를 하면 몸에 아무런 힘이 남지 않으면서, 머릿속 생각이 비워지고 편안해지는 느낌과 같다. 교회에서 크게 소리내어 기도하며 마음 안의 것을 토해 내고 느끼는 개운함과도 같다. 잡념, 걱정, 두려움이 사라져 머리는 맑아지고 마음은 넓어져 잔잔한 호수 같은 상태가 된다. 온전하게 마음을 들여다보고 운영하는 일이 달리기를 통해 좀 더 수월해진다.

나를 고집하고 주장하는 마음이 가벼워지는 경험을 한다. 나를 둘러싼 전체 배경이 더 넓어지면서 '나'만을 주장하지 않게 된다. 또한 그러한 과정을 통해 '사랑'이라고 말할 수 있는 상태에 도달한다.

달리기가 끝나고 나면 맑고 가벼워진 느낌을 누구나 경험할 것이다. 하지만 모두가 충분히 만끽하지 못하는 것 같다. 달리기를 마치자마자 그동안 연락이 온 데는 없었는지 핸드폰을 확인하고 사진을 찍으며 잠시 찾아온 마음의 평화와 고요를 바로 놓친다. 그러면 달리고 나서 평화롭고 고요한 느낌보다는 달리면서 크게 느꼈던 숨찬 느낌이나 괴로움, 마치고 나서의 짧고 강렬한 희열과 기쁨만 기억되곤 한다.

비약물적 치료 방법

달리기를 하면 여러 가지 효과가 따라온다. 달리기의 강도와 빈도에 따라 차이는 있겠지만 항우울증 약을 대체할 수 있다고 연구를 통해서 증명되었다.

진료하면서 달리기와 운동을 처방으로 자주 활용한다. 우울과 무기력감을 개선하고, 공황장애 증상이나 불안 증상이 호전되는 데 달리기와 운동요법이 확실히 도움이 되는 것을 경험한다. 또 잠들지 못하거나 자주 깨서 어려움을 겪을 때도 많은 도움이 된다. 수면 위생을 지키는 것과 함께 달리기 등 운동요법을 꾸준하게 병행하면 수월하게 잠들 수 있다.

그리고 달리기는 식욕 조절과 체중 감량에도 효과적이다. 금연 치료와 알코올 중독 등 다양한 중독 질환을 개선하는 데에도 도움이 된다.

정신건강의학과 약물치료를 대체하는 방법으로 운동요법과 명상이 효과적이다. 그중 달리기는 이 두 가지 효과를 모두 가지고 있어서 우울, 불안, 공황 증상 등을 개선하는 좋은 방법이다.

"아무것도 시작할 수 없는 무력감에 눌려 있을 때는 정말 어려웠어요. 그렇지만 약이 도움이 되어 어느 정도 우울함을 회복할 수 있었어요. 그리고 운동을 시작할 수 있었어요. 생활습관을 바꾸고 내가 처한 환경에 대해서도 받아들이며 긍정적인 생각을 하려고 노력했어요. 이젠 운동도 일주일에 서너 번 이상은 꾸준하게 해요."

형호 씨는 우울과 무기력감이 심해 진료를 받으면서 약물치료와 운동을 병행했다. 최근에는 증상이 많이 호전되어 약을 줄이고 운동을 꾸준히 지속하고 있다. 한 달 후에는 지금 처방하는 약도 중단할 계획이다. 운동은 꾸준하게 지속하면 약물치료만큼 증상 개선에 큰 도움이 된다.

필요에 따라서 진료실에서 좀 더 구체적이고 적극적으로 달리기를 처방하기도 한다.

"지금까지 트레드밀에서 9~10km/h 속도로 30분 정도 달리신다고 했지요? 그러면 해오던 것처럼 30분 달리기를 이어가 봅시다. 그런데 트레드밀 속도 시속 6km/h에서 2분마다 0.5km/h씩 높여서 20분 달리다가 몸이 풀리면, 14km/h에서 30초 달리고 30초 쉬는 걸 10번 해볼게요. 달리는 동안 심장이 두근거리고 숨이 차는 걸 마주해 보세요.

달릴 때 숨이 차고 가슴이 두근거린다고 해서 마음이 불안해지지는 않습니다. 달리면서 숨이 차고 가슴이 두근거렸다가 멈추고 쉴 때 다시 편안해지는 경험을 반복해 보는 거예요. 그러면 지하철에서 갑자기 가슴이 두근거리고 숨이 막힐까

봐 걱정되는 증상이 없어지는 데 도움이 될 거예요.
왜냐하면 달릴 때 숨이 차고 심박수가 올라가는 건 자연스러운 현상이기 때문에 불안으로 이어지지 않거든요. 심장 두근거림이나 호흡이 가쁜 신체적 증상과 불안하고 두려운 마음이 분리가 되는 것이죠. 이렇게 하면 나중에 약을 중단할 때에도 약을 대체할 수 있는 방법으로 활용할 수 있으실 겁니다."

"한 달 전 회의 자리에서 인계를 주었던 업무에 관해 이야기가 있었어요. 제가 잘못했다는 평가를 듣고 마음에 큰 충격을 받았어요. 당시 상황에서는 꾹 참고 지나갔지만, 이후 사람들과 대화하면서 '저 사람은 왜 나한테 그런 말을 했을까?' 의미를 부여하게 되고, '나는 왜 이렇게 멍청할까, 이거밖에 안 되나?' 하는 생각이 맴돌아요.
업무뿐 아니라 나에 대해 인정받지 못하는 것 같고 앞으로도 인정받지 못하면 어떡하지 불안해요. 음식을 먹어도 맛에 대한 느낌이 별로 없고, 가슴도 답답하고 자주 욱하는 감정이 치밀어요. 자려고 누우면 낮에 있었던 일이 꼬리에 꼬리를 물어요. 잠이 들어도 금방 깨서 화장실을 가게 돼요. 운동은 열심히 하고 있어요. 매일 3km를 트레드밀에서 속도 8km/h로 뛰고 있는데, 달리고 나서 샤워를 하면 마음이 다 가벼워지진 않아도 좀 괜찮아요. 이거라도 해야지 버틴다는 마음으로 지속하고 있어요."

"몸의 느낌에 집중하며 달려 보세요. 발이 땅에 착지되는 느낌, 양팔을 흔드는 동작, 숨이 찬 느낌, 땀방울이 흐르는 감각 등 몸의 변화를 느끼고 바라보면서 달리면 머릿속에 떠오르는 복잡한 잡념에서 벗어날 수 있습니다.
그리고 속도 8km/h에서 시작한 달리기를 마무리하기 전 2분마다 속도 0.5km/h씩 높여서 숨차고 버거워질 때까지 지속해 보세요. 숨이 차고 더 못하겠다 싶을 때까지 버티다가 다시 속도를 1km/h씩 낮추며 천천히 쿨다운 하고 트레드밀에서 내려오세요. 그리고 이후에 상대적으로 느껴지는 편안한 느낌과 개운한 느낌을 오랫동안 느끼려고 해보세요. 그리고 이러한 평정심을 기억해 두었다가 마음이 불안해질 때 이 느낌의 자리로 다시 되돌아오려고 노력해 볼게요."

달리기를 통한 치료 효과 원리를 잘 이해하면 불안, 우울,

무기력감 등의 증상을 완화하는 데 꽤 도움이 된다. 달리기를 하는 동안 뇌의 혈액순환이 좋아지고 보상회로가 활성화되어 뇌의 신경전달물질 균형이 잡힌다. 또 달리면서 호흡과 몸의 움직임을 관찰하면 양측성 자극을 활용한 '안구운동 민감소실 재처리 요법EMDR'의 효과도 일부 얻을 수 있다.

'안구운동 민감소실 재처리 요법EMDR·eye movement desensitization and reprocessing'은 트라우마 치료법이다. 환자가 공포, 불안과 연관된 기억을 회상하는 동안 치료자의 손가락을 따라 눈동자를 좌우로 빠르게 번갈아 움직인다. 좌우측 교차되는 신체 자극이 입력되면서 이를 담당하는 뇌 영역도 따라서 좌우측 교차 활성화된다. 빠른 템포로 좌우측에 교차되는 자극을 인지하려고 노력하는 동안 뇌에는 다른 생각이 끼어들 수 없다. 또한 신체 자극을 담당하는 뇌 영역이 활성화되면서 부정적인 생각, 불안, 우울 증상과 연계된 뇌 영역 활성이 저하된다. 이점이 치료적 효과로 이어진다.

마음이 심란하고 힘들 때 대청소를 하면서 잊어버리거나, 바쁘게 몸을 움직이는 동안은 걱정이나 잡념이 일순간 사라졌던 경험을 해보았을 것이다.

달리는 동안 1분당 80~100회 사이로 양발을 교차해서 땅을 딛고 도약한다. 동시에 양팔은 번갈아 앞뒤로 움직이는 동작을 연속하게 된다. 달리는 동안 양측 교차 움직임에 집중하면 안구운동으로 뇌에 양측성 자극을 주는 것과 원리가 같아서 EMDR의 치료 효과를 누리게 된다.

또 달리면서 숨을 들이쉬고 내쉬고 있는 느낌, 바람이 얼굴에 스치는 느낌, 계절 특유의 공기 냄새, 햇살이 피부에 닿는 감각 등 신체 감각을 주시해 보자. 몸의 감각에 집중하면서 불안 증상을 완화시키는 '감각인지치료somatic therapy'와 치료 원리가 같다.

마음의 창문

많은 직장인이 퇴근 후 술 한 잔 걸치며 그날의 긴장을 이완하며 정신적, 신체적 피로를 해소하곤 한다. 어떻게 보면 기회비용이 적은 퇴근 후 보상으로 자리 잡혔는데 술을 마시다 보면 부작용이 만만치 않다. 비만 혹은 영양 결핍, 고지혈증, 간 기능 저하, 식도염, 간암 및 각종 암, 수면 장애, 알코올성 치매, 기분 장애, 우울증 등으로 이어지게 된다.

달리기는 이러한 부작용이 없다. 오히려 혈액순환이 좋아지고 심혈관계가 강화된다. 폐활량이 늘고 근육과 뼈가 튼튼해지는 다양한 효과가 따라온다. 특히 근래에는 달리기나 심박수가 오르는 운동을 통해 기억력과 인지 기능이 보호되는 연구 결과들이 보고되고 있다. 또한 정서적인 영역에도 큰 도움이 된다.

정신건강의학과 진료를 하다 보면 많은 이들이 약 없이 치료하는 방법을 찾는다. 가장 효과적이고 지속할 수 있는 좋은 방법이 운동이다. 그중에서도 달리기는 언제 어디서나 적용할 수 있는 좋은 방법이다. 제자리에서 뜀뛰기를 할 수도 있고, 맨발로도 달릴 수 있고, 혼자서도 충분히 할 수 있다.

의과대학 시절 시험 기간 등 긴장감이 높아지고 공부가 잘되지 않으면 달리면서 긴장을 풀곤 했다. 시험 공부를 해야해서 트레드밀 위에서 노트를 펼쳐 놓고 달리면서 공부하기도 했다. 전공의 1년 차 100일 당직 때는 삐삐를 차고 학교 캠퍼스를 달렸다.

돌이켜 보면 한가할 때보다 오히려 바쁘고 시간적 여유가 없거나 심신이 지치고 힘든 생활을 할 때 더 달리러 나가게 되었다. 뭘 알고 이해해서 했던 것은 아니었는데 지나고 나서 보니 몸을 움직이면서 긴장을 풀고 피로를 해소하는 방법이었다. 당시에는 몰랐지만 달리기가 나름의 자가 처방이었다.

집중력과 기억력 강화

요즘에는 학업이나 업무, 일상에서 실수가 잦다며 집중력이 떨어지고 기억력이 나빠졌다고 진료실을 찾는 사람들이 꽤 많아졌다.

"저 ADHD가 아닌가 싶어서 왔어요."

그런데 실제로 성인 'ADHD주의력 결핍 과잉 행동 장애'이 의심되는 경우도 있지만 대부분은 감당해야 할 업무와 학업, 일상생활의 부담이 커져서인 경우가 더 많다.

사람의 뇌 기능은 한계가 있는데, 보통 현대인은 능력보다 더 많은 것을 해내야 하는 상황에 자주 놓여진다. 한 번에 감당하기 어려운 일을 한꺼번에 해내면서 집중력과 기억력이 상대적으로 저하된다고 느끼는 경우가 많다. 현재 하는 일로도 벅찬데 도중에 해야 할 일이 추가되면 다 기억할 수가 없어 잊어버리고 놓치게 된다. 당연한 현상이다.

달리기를 하면 뇌 혈류가 원활해지고 도파민 분비가 활성화된다. 뇌에서의 도파민 작용이 저하되면서 집중력이 떨어지는데 달리기를 통해서 일부 개선할 수 있다. 또한 뇌혈류 개선과 도파민을 비롯한 신경전달물질 활성화는 기억력에도 도움이 된다. 그래서 달리기를 학습 능력 개선과 인지 기능 개선에 활용할 수 있다.

러닝 하이

달리기를 할 때 시작과 과정은 힘들지만 끝나면 마음은 가볍고 몸은 경쾌해진다. 달리기는 마약처럼 뇌의 쾌락 중추에 도파민을 활성화시켜 쾌감을 준다. 도파민과 신경전달물질 활성화로 기분이 좋아지면서 피로감 역시 줄어들고 식욕도 억제된다.

달리다 보면 힘이 안 들고 저절로 뛰어지는 것 같은 '러닝 하이'라고 불리는 상태를 경험하게 되기도 한다. 마치 진공을 달리는 듯 편안한 상태의 느낌이다.

마라톤을 한다고 하면 "그럼 러닝 하이 느껴보셨어요?"라고 질문을 받을 때가 있다. 매일 러닝 하이를 느끼는 것은 아니지만, 러닝 하이를 느끼는 방법은 알고 있다. 러닝하이를 느끼려면 조금씩 속도를 높여서 내가 한계라고 느끼는 정도의 속도로 숨이 차고 심박수가 오르게 달리는 상태를 유지하다가 속도를 아주 살짝만 낮추어 달리면 된다. 달리는 데 힘이 하나도 안 들고 저절로 달려지는 느낌이 든다.

반작용

무엇이든 좋기만 한 것은 없다. 좋은 점이 있다면 아쉬운 점도 있기 마련이다. 달리기를 하면 많은 좋은 점이 있다. 그리고 당연히 그에 따르는 단점이나 부작용도 존재한다.

진료실에서 가장 많이 듣는 질문이 있다. "선생님, 이 약 부작용은 없나요?", "이렇게 지속적으로 약을 먹으면 의존증이 생기지 않을까요?"

약에는 병을 치료하는 효과가 있지만 부작용도 유의해야 한다. 달리기도 마찬가지다. 달리기를 시작하면 체력도 좋아지고 활력도 생기지만, 몸이 단련되는 과정에서 부상도 필연적으로 따라온다.

달리기를 하면 전신에 근육과 관절들이 쓰인다. 달리기는 점프의 연속 동작이기에 어깨, 척추, 고관절, 무릎, 발목, 발바닥으로 체중이 실려 충격이 누적된다. 근육과 인대 등이 강화되는 한편 피로감, 통증, 염증이 발생하는데 많은 러너가 족저근막염, 아킬레스건염, 신스프린트정강이 통증, 고관절과 둔근의 통증, 무릎이나 발목의 통증 등을 겪는다. 또 쥐가 나기도 하는

데 근육이 수축과 이완을 반복하는 동안 근섬유가 뭉치기 때문이다. 몸이 강화되고 단련되는 과정에서 발생하는 통증은 지나간다. 그러나 갑자기 날카롭게 느껴지는 통증은 근육이나 인대의 손상을 의심해 보고 치료받는 것이 필요하다.

달리기를 하고 난 뒤엔 체열이 높아지고 젖산이 쌓여 피로감이 있다. 더운 날씨에 달릴 때는 탈수와 에너지 고갈이 발생할 수 있다. 옆구리나 배가 아픈 경우도 흔하다. 또 에너지젤을 먹고 배가 아프거나 설사를 하기도 한다. 장거리 달리기 후 구토, 위경련, 장마비를 겪기도 한다. 운동을 하고 있는 중이나 고강도 운동을 마친 직후에는 위와 내장의 흡수력이 평상시보다 저하되기 때문이다. 달리다가 복통이 올 때 배변 작용이 아닌 경우에는 페이스를 낮추거나 호흡을 가다듬으면 잦아든다.

풀코스 마라톤처럼 강도 높은 달리기를 하면 밤에 잠이 잘 오지 않는다. 장거리를 빠르게 달리는 동안 몸을 활성화시키려고 뇌에 분비되었던 도파민, 노르에피네프린, 에피네프린 등 각성 물질이 남아 있기 때문이다. 또 대회를 달리면서 섭취한 에너지젤에 함유된 카페인과 대회 완주 후의 흥분과 기쁨도 각성 상태를 높인다. 또한 장시간 사용된 근육과 인대, 관절 등의 피로감과 통증이 수면을 방해한다.

특히 여성 마라토너들의 경우 반복된 강도 높은 운동으로 적혈구가 파괴되어 생기는 운동성 빈혈을 겪기도 한다. 빈혈이 있으면 달릴 때 숨이 더 가쁘고 어지럽고 기력이 떨어진다.

금단증상

달리기를 해서 좋은 것들이 많지만 달리기를 멈추면 효과들이 사라진다. 달리기를 하는 동안 누리던 활력 증진, 각성 효과, 혈액순환 개선, 기분 전환 등이 사라지면서 상대적으로 불편해지는 것을 경험하게 된다.

달리기를 하면 첫 번째, 뇌에 도파민을 비롯한 신경전달물질들이 활성화되면서 즐거움과 상쾌한 느낌을 받는다. 두 번째, 뇌의 혈액순환이 잘 이루어지면서 기억력과 집중력 등 뇌 기능이 활성화된다. 세 번째, 뇌뿐 아니라 신체 구석구석 혈액순환이 되어 신체 기능이 활성화된다. 면역력도 좋아지고 혈액순환을 통해 하지 부종과 치질 등이 예방 및 완화된다.

네 번째, 열량 소모가 커서 체중 감량에 도움이 된다. 다섯 번째, 도파민이 활성화되면서 보상 중추를 충족시켜 식욕을 제어해 준다. 여섯 번째, 달리기는 뇌에 양측성 신체 자극 신호를 주는데 달리면서 하루 중 근심과 걱정을 잊고 뇌를 쉬게 도와준다. 일곱 번째, 성취감과 만족감을 얻을 수 있다. 더 자고 싶고 편하게 쉬고 싶은 마음을 이기고 나간 자신의 의지에 뿌듯함을 느낄 수 있다. 달리는 중에 힘들어서 그만두고 싶은 마음을 이겨낸 것에 대해 자신감이 생기기도 한다.

이런 개선 효과는 달리기를 지속하고 있을 때는 체감하지 못하다가 달리기를 멈추고 그 효과를 누리지 못하면서 불편해질 때 알아챘다.

달리기를 멈추고 열흘이 넘어가면 상대적으로 우울하고 무기력하다. 운동을 거르고 있는 것에 대해 찝찝하기도 하고 스스로 위축되기도 한다. 또 체중 조절이 어려워지고 온종일 앉아서 일하고 나면 다리가 붓고 치질이 악화된다. 이전보다 잠을 깊게 못 자고 소화가 잘 안 되기도 한다. 집중력과 기억력이 떨어져 업무 효율이나 학업 능력이 저하된다. 기분이 저하되다 보면 가족들과 가까운 사람들에게 짜증을 내고는 후회하게 된다.

달리기를 포함한 운동을 매일 하고 또 하지 않으면 괴로운 것이 중독이냐고 묻기도 하는데, 중독으로 볼 수 있다.

삶을 지속하는 데 긍정적인 중독 한 가지는 필요한 것 같다.

에필로그

10년, 20년 정신과 진료를 하다 보면 환자가 어떤 마음으로 이런 이야기를 하는구나 이해하고 있지만, 때로는 나한테 왜 이럴까? 왜 나한테 화를 내고 언성을 높이고 짜증을 낼까? 매일 대하는 부정적인 표현과 감정, 어두운 에너지가 지겨울 수 있다. 나에게 찾아오는 사람들이 싫고, 우울하고 힘든 이야기를 반복해서 듣는 게 꺼려질 수도 있다.

분노와 원망이 가득한 부정적인 이야기를 듣다 보면 정신과 의사도 온전한 정신으로 남아 있을 수가 없다. 때때로 망상과 환청, 관계사고 등의 정신병적 증상으로 현실판단력이 저하던 환자에게 신변의 안전을 위협을 받기도 한다. 나 역시 조현병이 처음 발병해서 입원했던 환자와 마약 중독 문제가 있던 환자에게 머리채를 잡히고 공격당했던 경험이 있다. 술 취한 환자나 망상이 있는 환자에게 욕설을 듣는 건 흔한 일이다.

막 의사가 되었을 때는 포부도 당찼고 패기도 넘친다. 하지만 시간이 흐르면서 매일 마주하는 수많은 환자의 슬픔, 무기력, 불안, 노여움, 짜증, 고통, 괴로움 등의 감정을 마주하고 하소연을 듣는 일이 견디기 어려운 순간도 있다.

상대의 울화, 분노, 부당하다고 생각되는 마음, 짜증, 상실감, 슬픔이라 이름 붙일 수 있는 부정적인 감정들이 내게도 전달되어 가슴이 갑갑해지고 불편해지는 느낌이 꺼려진다. 진료를 통해 해결되지 않거나 도와줄 방법이 없을 때 느끼는 무력감 또한 싫다. 환자가 기대하는 바에 미치지 못할 때는 스스로에게 실망스럽기도 하다.

정신과 의사 역시 삶의 어려움과 고통, 부정적 경험을 피해 갈 수 없다. 성경에 예수께서 '의사야 너 자신을 고치라누가복음 4장 23절'며 말씀하는 장면이 있다. 정신건강의학과 의사 역시 자신의 정신 건강을 관리하고 보듬어야 한다.

다른 사람의 내적 고통을 기꺼이 마주하고 어루만져 주면서, 의사 자신도 심리적으로 온전하려면 어떻게 해야 할까? 환자들의 부정적 심리 상태가 나에게 영향을 미치지 않도록 로봇이 되어야 할까? 환자의 상태에 크게 흔들리지 않고, 마음 쓰지 말고 약만 잘 처방하면 될까? 의사로서 지치지 않고 매 순간 진심으로 환자를 대하고 진료하려면 어떻게 해야 할까?

내가 아는 비법이 하나 있다.

환자의 말을 듣고, 보고, 진찰하고 있는 '나 자신'을 관찰한다. 환자를 진료하고 있는 스스로를 바라본다. 나의 속마음을 알고 이해하듯 상대의 마음과 심리에 대해 속속들이 알아진다. 환자들의 마음도 내 마음처럼 공감되고 또 다른 나로 존중하며 배려한다.

내가 아는 사랑은 이해이다. 나를 이해하며, 상대를 이해한다. 마음을 알고 이해하는 과정은 매일의 달리기에서도 이어진다. 달리면서 끊임없이 나를 알아가고 이해하여 마음을 다스리게 된다. 하고 싶지 않은 마음, 불안하고 갈등이 생기는 마음, 지치고 그만두고 싶은 마음을 바라보고 이해한다.

"선생님은 매일같이 저처럼 힘들다, 죽고 싶다고 말하는 사람들을 수도 없이 만날 텐데, 괴로운 이야기만 들으면 힘들지 않으세요?"

"힘들지 않은 일이 세상에 어디 있겠어요. 저도 늘 제 마음을 알고 이해하려고 합니다. 저를 이해하면 저와 같은 감정을 느끼고 있는 사람들의 마음을 알고 공감하게 돼요. 그 이해가 저는 사랑이라고 생각합니다."

"선생님과 상담하고 좋아졌다고 말씀드리고 싶은데 그게 잘 안 되네요."

"스스로 나아지려고 이렇게 노력하는 모습이 좋아지고 있는 과정입니다. 지금 잘하고 있어요."

"네. 그래도 전보다는 많이 나아졌어요."

나를 이해하며 다른 이를 이해할 수 있는 의식의 자리에서는 전체 가운데서 상대의 마음을 보려고 노력하게 된다. 그런 의식의 상태를 나는 '사랑의 자리'라고 이름 붙인다. 그리고 사랑의 자리에서 진료하기 위해서 환자를 진료할 때 나 자신을 관찰한다. 환자의 말을 내가 어떻게 듣고, 느끼고, 생각하고, 평가하는지 나 자신을 진단한다.

나는 매일 달리면서 나 자신을 일깨우고 사랑의 자리에 머무른다.

— 마라톤 하는 정신건강의학과 의사

정신과 의사가 말하는 달리기를 통해 얻는 것들
마음의 힘이 필요할 때 나는 달린다

초판 1쇄 발행 2024년 10월 29일

지은이 김세희
펴낸이 최현준

편집 홍지회, 강서윤
디자인 Aleph design

펴낸곳 빌리버튼
출판등록 2022년 7월 27일 제 2016-000361호
주소 서울시 마포구 월드컵로 10길 28, 201호
전화 02-338-9271
팩스 02-338-9272
메일 contents@billybutton.co.kr

ISBN 979-11-92999-61-6 (03180)

· 이 책은 저작권법에 따라 보호를 받는 저작물이므로 무단전재와 무단복제를 금합니다.
· 이 책의 내용을 사용하려면 반드시 저작권자와 빌리버튼의 서면 동의를 받아야 합니다.
· 책값은 뒤표지에 있습니다. 파본은 구입하신 서점에서 교환해 드립니다.
· 빌리버튼은 여러분의 소중한 이야기를 기다리고 있습니다.
· 아이디어나 원고가 있으시면 언제든지 메일(contents@billybutton.co.kr)로 보내주세요.